우쿨렐레 교실

장윤식 편저

편저자 장윤식

- 1993년 독일 유학
- 독일 에센 폴크방(Essen Folkwang) 국립음대 기타전문연주자과정 졸업
- 독일 에센 폴크방(Essen Folkwang) 국립음대 실내악 과정 최우수(mit Auszeichnung) 졸업
- 프랑크푸르트(Frankfurt/M) 국립음대 악기 교육학과정 졸업 [논문: 효과적인 악기 연습]
- 네덜란드 엔쉐대(Enschede) 국립음대 기타마이스터과정 수료
- 2003년 귀국하여 세종문화회관에서 독주회
- 2004년~2009서울국제기타페스티벌 집행위원장,
- 2012~2015년 1~7회 장샘의 기타클리닉 캠프 개최
- 2012년 올림푸스홀 [라틴음악여행 연주회]
- 2013년 올림푸스홀 [펀펀기타 연주회],, 아트홀 봄 [따뜻한 속삭임 연주회]
- 2014년 독일 오스트리아 연주회 [Spring concert], 올림푸스홀 [행복한 동행연주회]
- 2015년 오스트리아 린츠, 비엔나 연주회 [Liebe], 코스모스홀 [아름다운 사랑 연주회]
- **현:** 명지대 사회교육원 출강, 온라인 동영상 기타레슨1번지 기타클리닉 대표, 인터넷교육 포털사이트 뮤직필드 강사 다음카페 장샘의 기타클리닉 운영자
- 저서 〈왕초보를 위한 동영상 기타찬양반주〉, 〈왕초보, 동영상으로 통기타배우기〉, 〈통기타12주완성-오봉기타〉 〈장윤식의 펀펀통기타〉, 〈펀펀 우쿠렐레〉
- **음반** 〈 장윤식클래식기타찬양곡/금성레코드〉, 클래식기타 소품음반〈Guitar Favorita〉

- **홈페이지 :** http://guitarclinic.co.kr(저자의 동영상 기타교육사이트)
- **다음카페 :** http://cafe.daum.net/guitarclinic

초판 1쇄 발행 2015년 11월 30일

지은이 | 장윤식
펴낸곳 | 도서출판 이비컴
펴낸이 | 강기원
편 집 | 박상헌
표 지 | 최재영
마케팅 | 강필중, 박선왜
주 소 | 서울 동대문구 신설동96-24 세원빌딩 402호
대표전화 | (02)2254-0658 팩스 (02)2254-0634
전자우편 | bookbee@naver.com
등록번호 | 제6-0596호(2002.4.9)
I S B N | 978-89-6245-119-1 13670

ⓒ 장윤식, 2015

- 이 도서의 국립중앙도서관 출판예정도서목록(CIP)은 서지정보유통지원시스템 홈페이지(http://seoji.nl.go.kr)와 국가자료공동목록시스템(http://www.nl.go.kr/kolisnet)에서 이용하실 수 있습니다.(CIP제어번호: CIP2015031501)

동영상으로 익히는 **우쿨렐레** 입문 강좌

우쿨렐레 교실

우쿨렐레는 고 음역대의 악기로 기타에 비하여 휴대가 편하고 악기도 저렴합니다. 또한 밝고 청아한 음색을 갖고 있어 연주하는 분이나 듣는 이들의 기분을 편안하게 해줍니다. 이 책은 우쿨렐레를 처음 배우는 분들을 위한 동영상 교본입니다. 초보자를 위해 쉬운 선곡부터 응용 연주곡까지 순서대로 저자가 직접 강의하는 60강의 동영상과 함께 배우다보면 누구나 쉽게 우쿨렐레를 연주할 수 있습니다.

1. 우쿨렐레 입문의 기초 강의

우쿨렐레를 배우기 위해 필요한 기초 지식을 배우게 됩니다. 우쿨렐레가 통기타와 어떻게 다른지와 조율, 코드표 보는 법과, 가장 기본에 되는 업&다운 스트로크를 익히게 됩니다.

2. 우쿨렐레 연주를 위한 필수 리듬과 실전 연습곡

우쿨렐레의 기초 강의를 마치고, 본격적으로 익히는 순서로 연주의 기본이 되는 7가지 필수 리듬을 배우게 됩니다. 필수 리듬을 익히고 난 뒤에는 책에 수록한 실전 반주곡으로 다양하게 연주해볼 수 있습니다.

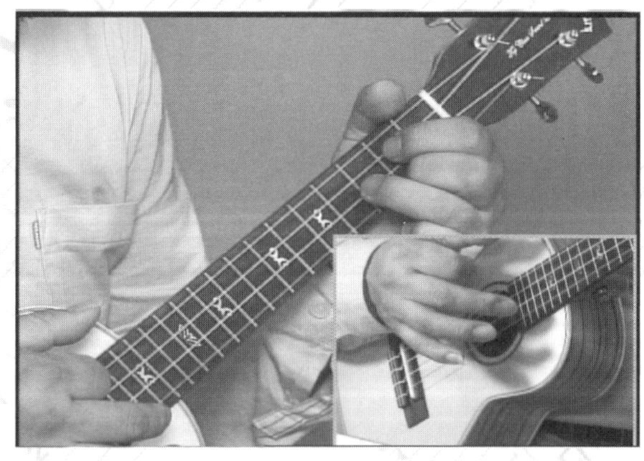

3. 우쿨렐레를 위한 연주법

앞서 코드연주로 배웠던 우쿨렐레를 좀 더 다양한 형태의 테크닉을 가지고 연주하는 법을 배우게 됩니다. 여기서는 1포지션 음계와 2포지션 음계, 7포지션 음계를 소개하며, 멜로디 연주법, 즉 타브(TAB)악보 보는 법부터 독주연주까지 기량을 넓혀나갈 수 있도록 안내하고 있습니다.

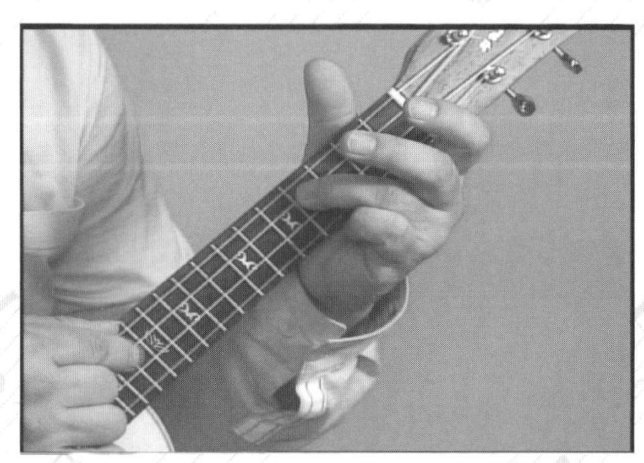

● 책의 기본 구성과 소개

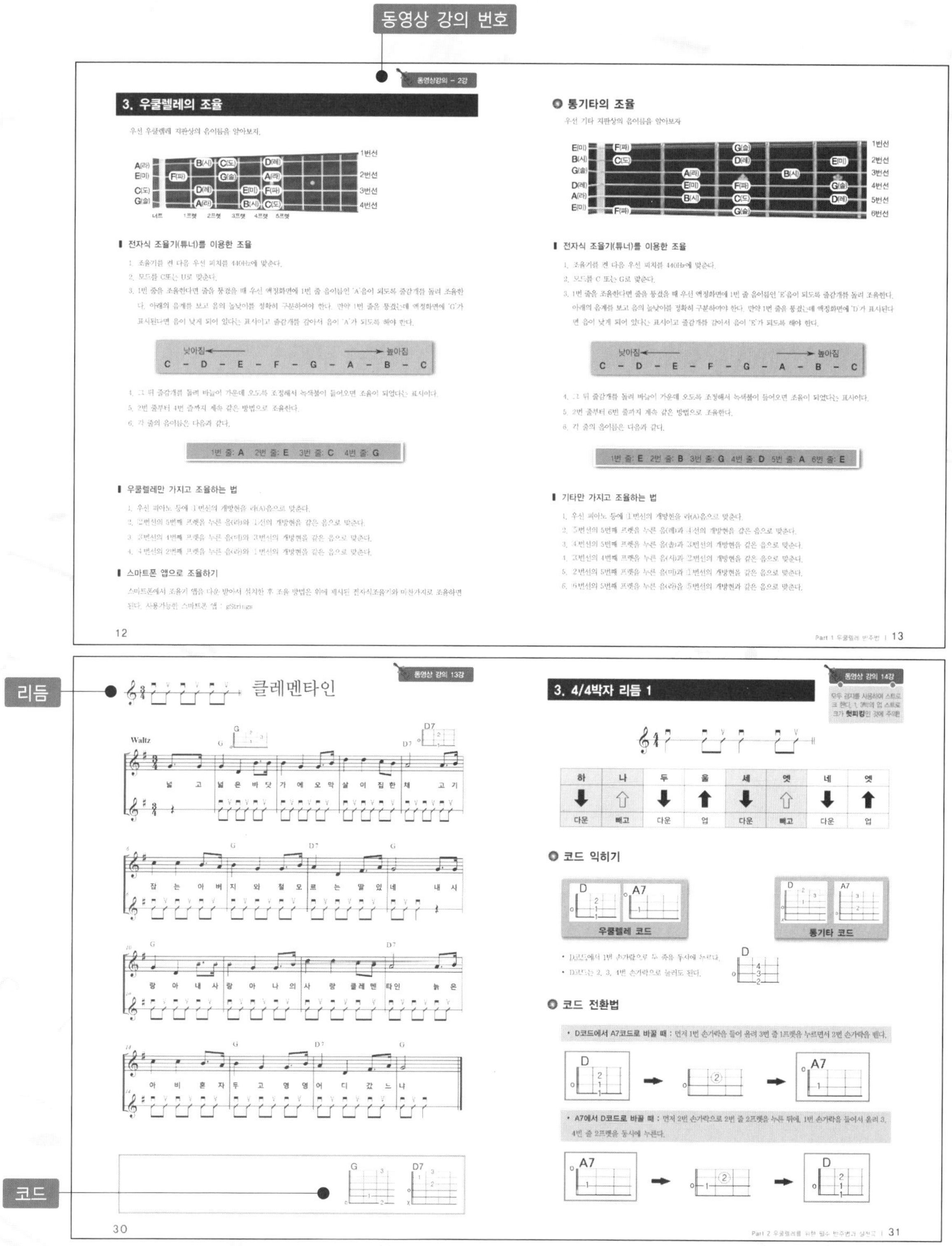

● 본문에 표시된 동영상 학습요령

1. 본 책에 수록한 모든 강의는 다음(Daum)카페 "장샘의 기타클리닉"에서 동영상으로 보실 수 있습니다.

2. 다음카페의 주소는 http://cafe.daum.net/guitarclinic이며 카페 가입 신청 후 [통기타 반주법]의
   하위 메뉴인 [펀펀 우쿨렐레 동영상강의]에서 자유롭게 동영상을 열람할 수 있습니다.

동영상 강의 목록

PART 1

우쿨렐레를 위한 기초지식

1. 우쿨렐레의 구조와 명칭

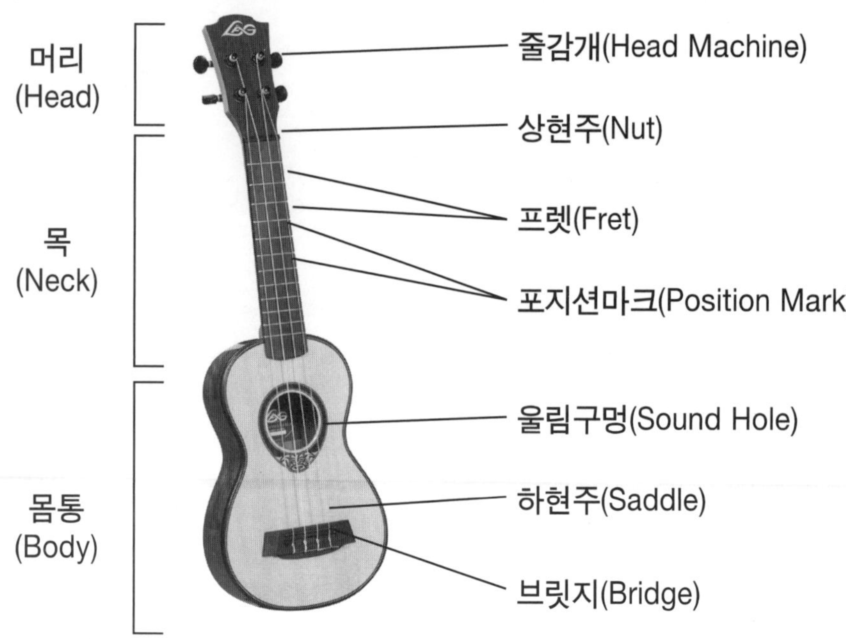

우쿨렐레는 크기에 따라 구분하는데 제일 작은 것부터 소프라노(스탠다드), 콘서트, 테너, 바리톤 등으로 나뉜다.
우쿨렐레는 일반적으로 네 줄로 되어 있고 아래쪽 얇은 줄부터 1번 줄, 2번 줄, 3번 줄, 4번 줄 이렇게 번호를 붙여서 부른다.

◉ 통기타의 구조와 명칭

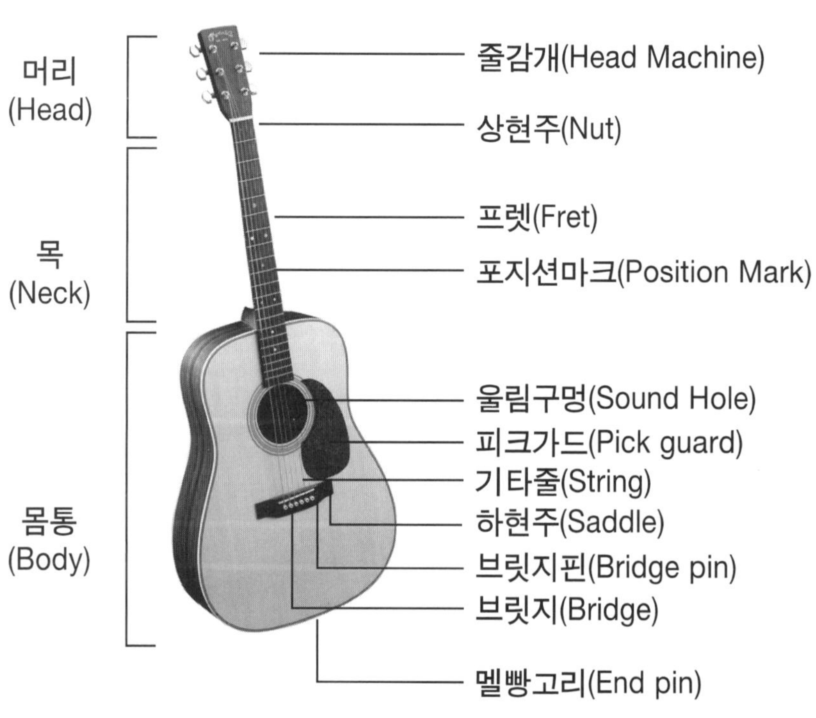

기타는 크게 헤드, 네크, 바디 등 세 부분으로 나눈다. 네크에는 지판이라는 판이 붙어 있는데 이것은 프렛을 고정시키는 역할과 네크가 휘지 않도록 강하게 하는 역할을 한다. 프렛은 음의 높이를 구분하는데 헤드 쪽에서부터 1프렛, 2프렛 . . 이렇게 번호를 붙여 부른다. 기타 줄은 여섯 줄로 아래 1번 선부터 제일 위에 있는 6번 선 까지 줄의 고유번호가 있다. 줄을 퉁기게 되면 줄의 물리적인 진동이 브릿지를 통해 기타 바디 안으로 전해지며 몸통 안에서 증폭이 되어 공명이 된 소리는 울림구멍을 통하여 밖으로 울려 나오게 된다.

2. 양 손가락의 기호와 명칭

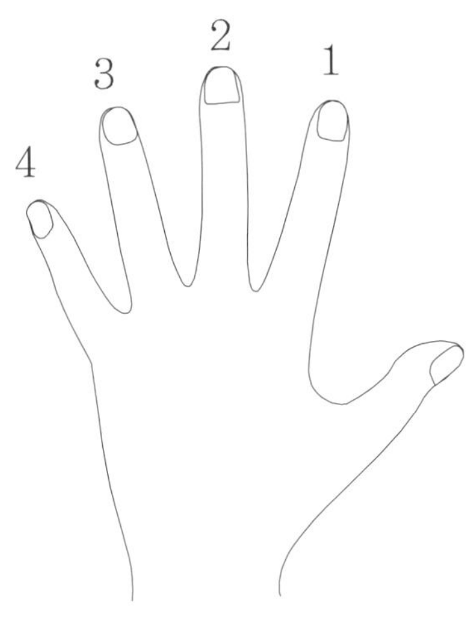

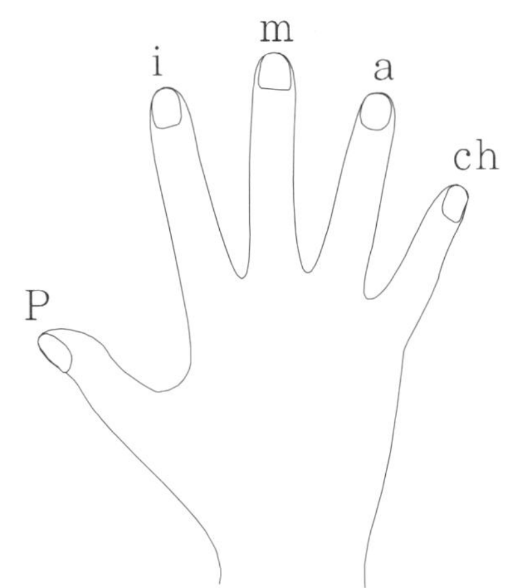

왼손

1 ·················· 집게손가락
2 ·················· 가운데손가락
3 ·················· 약손가락
4 ·················· 새끼손가락

오른손

P(pulgar) ·················· 엄지손가락
i(indice) ·················· 집게손가락
m(medio) ·················· 가운데손가락
a(anular) ·················· 약손가락
ch(chico) ·················· 새끼손가락

전자식 조율기(튜너)

악기연주자는 연주를 하기 전에 반드시 악기가 조율이 되어 있는지 확인해야 한다. 조율을 정확하게 하기 위해서는 음을 듣고 구분할 수 있는 능력이 요구되는데 이를 얻기 위해서는 꾸준한 학습과 노력이 필요하다.

조율방법은 여러 가지가 있는 데 우선 가장 쉽게 조율할 수 있는 방법이 전자식 조율기(튜너)를 사용하는 것이다. 전자식 조율기는 누구나 간단하게 조율할 수 있기 때문에 초보자뿐만 아니라 전문 연주자에게서도 널리 사용되는 조율 방법이다. 튜닝기의 가격은 성능에 따라 다양한데 대략 2만원에서 5만원선에 거래되고 있다. 약간 비싸기는 해도 기타헤드 부분에 집게형식으로 꽂아서 진동을 통해서 조율하는 접착식 조율기의 사용을 권한다. 접착식 조율기는 주변이 시끄러워도 조율이 가능하기 때문에 소음이 있는 연주장이나 합주연습 등 주변의 상황에 상관없이 조율할 수 있다는 장점이 있다. 전자식 조율기는 스마트폰 앱을 통하여 쉽게 다운 받을 수 있다.

3. 우쿨렐레의 조율

우선 우쿨렐레 지판상의 음이름을 알아보자.

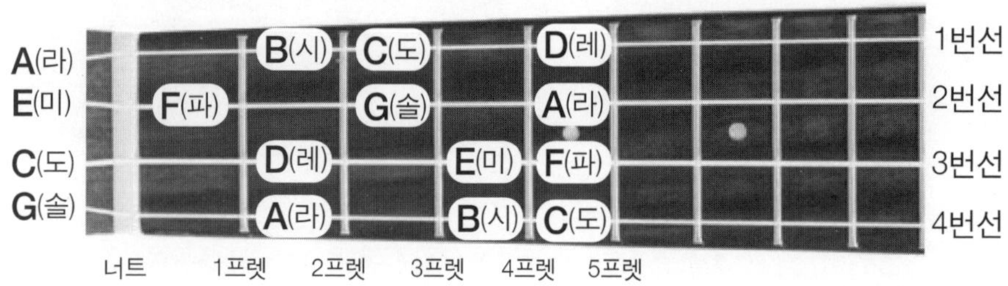

▌ 전자식 조율기(튜너)를 이용한 조율

1. 조율기를 켠 다음 우선 피치를 440Hz에 맞춘다.

2. 모드를 C또는 U로 맞춘다.

3. 1번 줄을 조율한다면 줄을 퉁겼을 때 우선 액정화면에 1번 줄 음이름인 'A'음이 되도록 줄감개를 돌려 조율한다. 아래의 음계를 보고 음의 높낮이를 정확히 구분하여야 한다. 만약 1번 줄을 퉁겼는데 액정화면에 'G'가 표시된다면 음이 낮게 되어 있다는 표시이고 줄감개를 감아서 음이 'A'가 되도록 해야 한다.

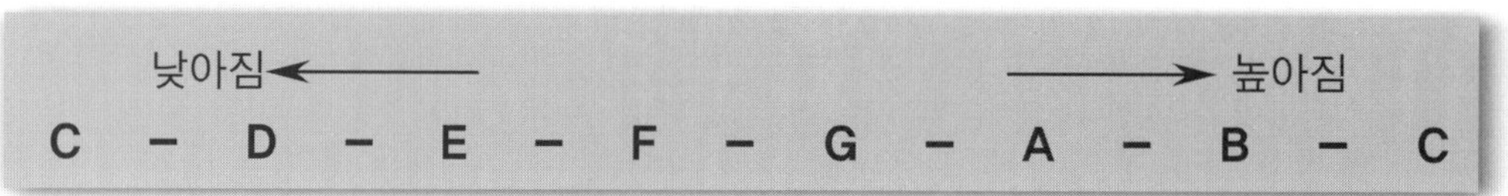

4. 그 뒤 줄감개를 돌려 바늘이 가운데 오도록 조정해서 녹색불이 들어오면 조율이 되었다는 표시이다.

5. 2번 줄부터 4번 줄까지 계속 같은 방법으로 조율한다.

6. 각 줄의 음이름은 다음과 같다.

▌ 우쿨렐레만 가지고 조율하는 법

1. 우선 피아노 등에 ①번선의 개방현을 라(A)음으로 맞춘다.
2. ②번선의 5번째 프렛을 누른 음(라)와 ①선의 개방현을 같은 음으로 맞춘다.
3. ③번선의 4번째 프렛을 누른 음(미)와 ③번선의 개방현을 같은 음으로 맞춘다.
4. ④번선의 2번째 프렛을 누른 음(라)와 ①번선의 개방현을 같은 음으로 맞춘다.

▌ 스마트폰 앱으로 조율하기

스마트폰에서 조율기 앱을 다운 받아서 설치한 후 조율 방법은 위에 제시된 전자식조율기와 마찬가지로 조율하면 된다. 사용가능한 스마트폰 앱 : gStrings

통기타의 조율

우선 기타 지판상의 음이름을 알아보자

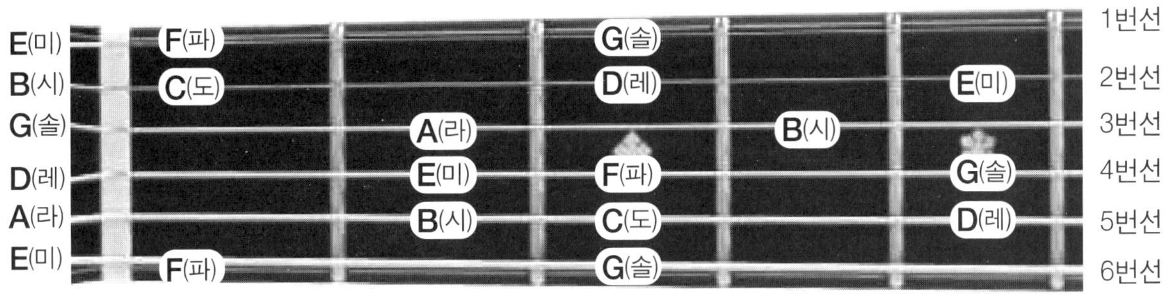

전자식 조율기(튜너)를 이용한 조율

1. 조율기를 켠 다음 우선 피치를 440Hz에 맞춘다.

2. 모드를 C 또는 G로 맞춘다.

3. 1번 줄을 조율한다면 줄을 퉁겼을 때 우선 액정화면에 1번 줄 음이름인 'E'음이 되도록 줄감개를 돌려 조율한다. 아래의 음계를 보고 음의 높낮이를 정확히 구분하여야 한다. 만약 1번 줄을 퉁겼는데 액정화면에 'D'가 표시된다면 음이 낮게 되어 있다는 표시이고 줄감개를 감아서 음이 'E'가 되도록 해야 한다.

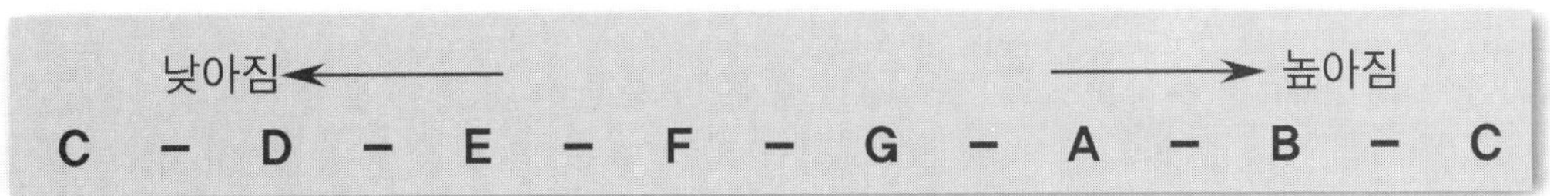

4. 그 뒤 줄감개를 돌려 바늘이 가운데 오도록 조정해서 녹색불이 들어오면 조율이 되었다는 표시이다.

5. 2번 줄부터 6번 줄까지 계속 같은 방법으로 조율한다.

6. 각 줄의 음이름은 다음과 같다.

> 1번 줄: **E**　2번 줄: **B**　3번 줄: **G**　4번 줄: **D**　5번 줄: **A**　6번 줄: **E**

기타만 가지고 조율하는 법

1. 우선 피아노 등에 ①번선의 개방현을 라(A)음으로 맞춘다.

2. ⑤번선의 5번째 프렛을 누른 음(레)과 ④선의 개방현을 같은 음으로 맞춘다.

3. ④번선의 5번째 프렛을 누른 음(솔)과 ③번선의 개방현을 같은 음으로 맞춘다.

4. ③번선의 4번째 프렛을 누른 음(시)과 ②번선의 개방현을 같은 음으로 맞춘다.

5. ②번선의 5번째 프렛을 누른 음(미)과 ①번선의 개방현을 같은 음으로 맞춘다.

6. ⑥번선의 5번째 프렛을 누른 음(라)을 ⑤번선의 개방현과 같은 음으로 맞춘다.

4. 우쿨렐레 코드표 보는 법

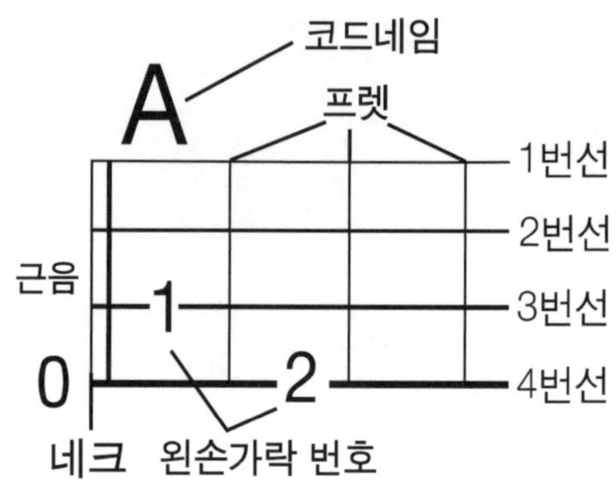

- **코드네임(A)** : 코드의 이름을 나타내며 왼쪽 상단에 표시한다.
- **우쿨렐레 줄** : 가로선은 우쿨렐레 줄을 의미하며 위에서부터 1번선, 2번선, 3번선, 4번선이 된다.
- **너트** : 왼쪽의 겹세로줄은 우쿨렐레 지판의 왼쪽 끝에 있는 너트를 나타낸다.
- **프렛** : 세로줄은 프렛을 나타내고 왼쪽부터 1프렛, 2프렛, 3프렛 … 등이 된다.
- **손가락기호** : 기타줄 위에 표시된 숫자는 왼손가락을 의미한다.
- **O** : 너트 옆에 표시된 O표시는 코드의 으뜸음(근음)을 나타낸다.

🔘 통기타 코드표 보는 법

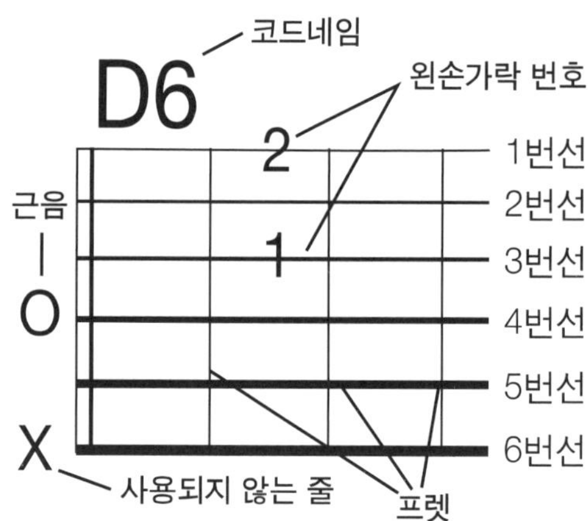

- **코드네임(D6)** : 코드의 이름을 나타내며 왼쪽 상단에 표시한다.
- **기타줄** : 가로선은 기타 줄을 의미하며 위에서부터 1번선, 2번선, 3번선… 등이 된다.
- **너트** : 왼쪽의 겹세로줄은 기타지판의 왼쪽 끝에 있는 너트를 나타낸다.
- **프렛** : 세로줄은 프렛을 나타내고 왼쪽부터 1프렛, 2프렛, 3프렛… 등이 된다.
- **손가락기호** : 기타줄 위에 표시된 숫자는 왼손가락을 의미한다.
- **O** : 너트 옆에 표시된 O표시는 코드의 으뜸음(근음)을 나타낸다.
- **X** : 너트 옆의 X표시는 코드에 포함되어 있지 않은 줄이라는 의미이다.

일반적으로 코드표는 왼쪽 그림과 같이 표시한다. 경우에 따라 기타 지판의 모양을 세워서 오른쪽과 같이 사용할 수도 있다. 이런 경우 프렛은 위에서부터 1프렛, 2프렛, 3프렛… 순으로 부르게 된다.

5. 코드의 종류와 코드네임 읽는 법

코드네임	읽는 법	다른 표기법	구성음	메이저 코드와 차이점
C	씨 메이저		C, E, G	
C−5	씨 플랫 파이브	Cb5	C, E, Gb	5도 음을 반음 내린다.
Cm	씨 마이너		C, Eb, G	3도음을 반음 내린다.
C6	씨 식스		C, E, G, A	6도음이 추가된다.
C7	씨 세븐스		C, E, G, Bb	단7도음이 추가된다.
Cadd9	씨 에디드 나인스	C2, Cadd2	C, E, G, D	9도음이 추가된다.
C9	씨 나인스		C, E, G, Bb, D	단7도와 9도음이 추가된다.
CM7	씨 메이저 세븐스	Cmaj7, Cr7	C, E, G, B	장7도음이 추가된다.
CM9	씨 메이저 나인스	Cmaj9	C, E, G, B, D	장7도와 장9도음이 추가된다.
Cm6	씨 마이너 식스		C, Eb, G, A	3도 반음 내리고 장6도음이 추가된다.
Cm7	씨 마이너 세븐스		C, Eb, G, Bb	3도 반음 내리고 단7도음이 추가된다.
CmM7	씨 마이너 메이저 세븐스	Cm maj7	C, Eb, G, B	3도 반음 내리고 장7도음이 추가된다.
Cdim7	씨 디미니쉬드 세븐스	Cdim, Co	C, Eb, Gb, A	3, 5도 반음 내리고 장6도음이 추가된다.
Csus4	씨 서스포	Csus	C, F, G	3음 대신 4음이 추가된다.
C7sus4	씨 세븐스 서스포	C7sus	C, F, G, Bb	sus4코드에 단7도음이 추가된다.
Caug	씨 오그멘티드	C+, C+5, Caug5	C, E, G#	5음을 반음 올린다.

6. 다운 스트로크(Down Stroke)

리듬 악보에서 리듬 음표 위에 다음과 같은 표시가 있으면 우쿨렐레 줄을 위에서 아래로, 즉 4번 줄에서 1번 줄 방향으로 스트로크 하는 표시이다.(기타는 6번 줄에서 1번 줄 방향으로 스트로크) 이것을 다운 스트로크라고 한다. 다운 스트로크는 엄지나 검지손가락으로 연주한다.

개방현에서 엄지의 다운 스트로크

▌ 연습방법

1. **한 줄 다운 스트로크** : 먼저 엄지를 1번 줄 위에 올린 뒤 1번 줄을 당기듯이 다운 스트로크 한다.
2. **두 줄 다운 스트로크** : 그 다음 엄지를 2번 줄 위에 올린 뒤 2, 1번 줄을 다운 스트로크 한다.
3. **세 줄 다운 스트로크** : 그 다음 엄지를 3번 줄 위에 올린 뒤 3, 2, 1번 줄을 다운 스트로크 한다.
4. **네 줄 다운 스트로크** : 그 다음 엄지를 4번 줄 위에 올린 뒤 4, 3, 2, 1번 줄을 다운 스트로크 한다.

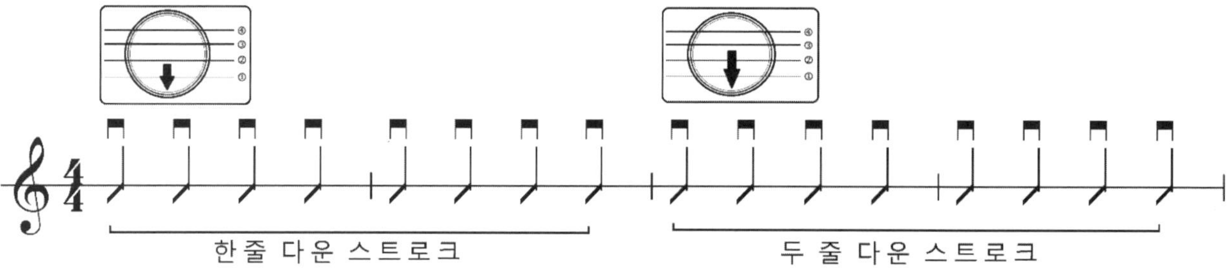

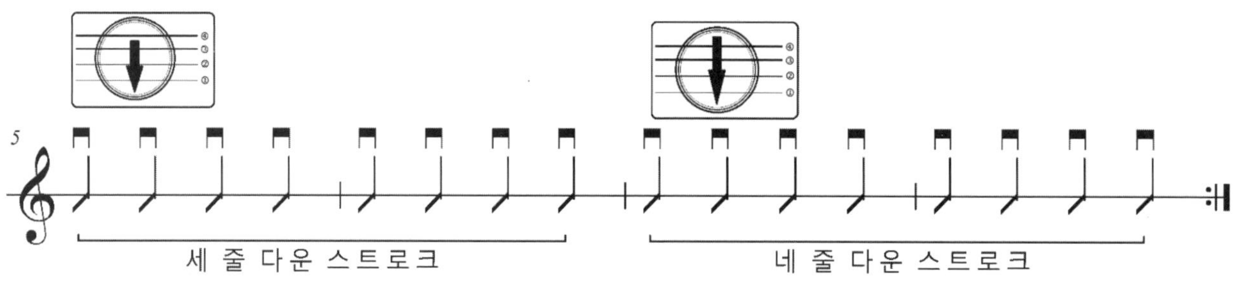

코드 익히기

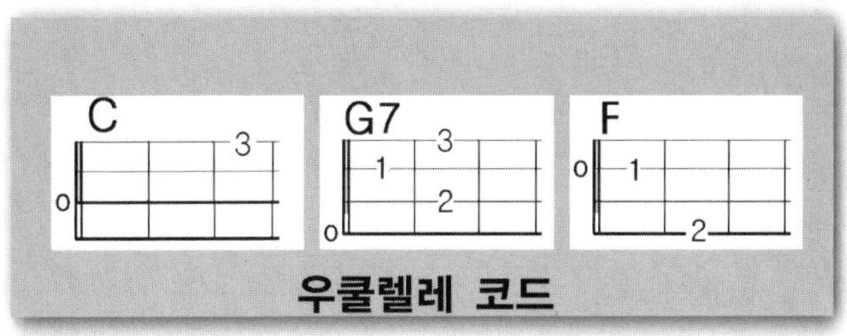

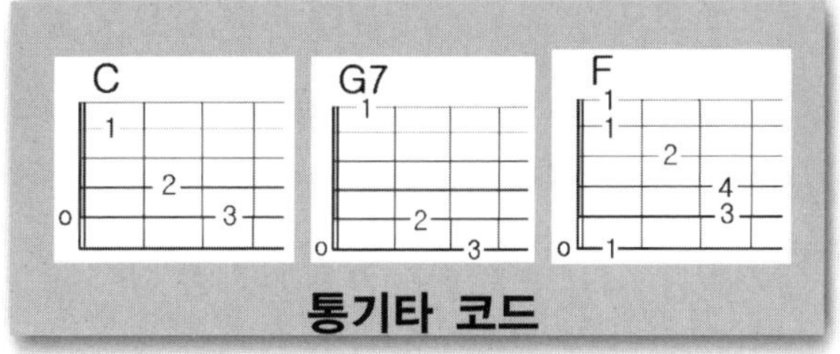

1. 손가락 끝으로 누른다.
2. 프렛에 바짝 붙여서 누른다.

코드 전환법

- **C코드에서 G7코드로 바꿀 때** : 먼저 3번 손가락을 왼쪽으로 한 프렛 옮긴 뒤에, 1, 2번 손가락으로 나머지 음을 누른다.

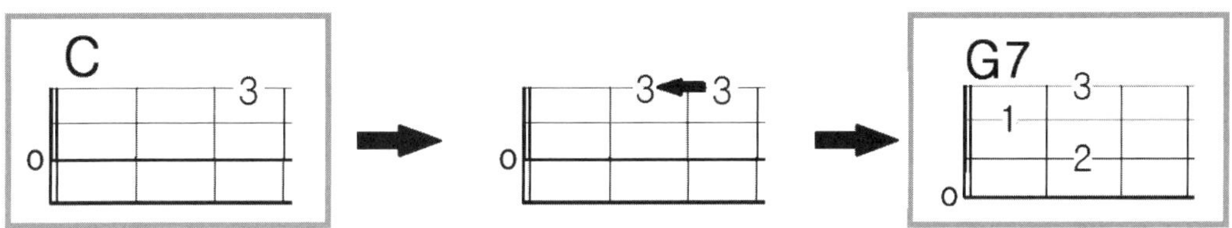

- **G7에서 C코드로 바꿀 때** : 1, 2번 손가락을 들어서 올린 뒤, 3번 손가락을 오른쪽으로 한 프렛 옮긴다.

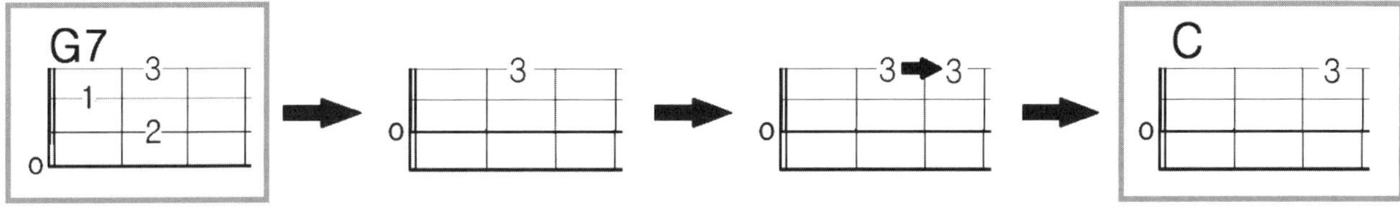

4비트(Beat)리듬 익히기

실 습 1. 먼저 엄지를 윗줄에서 아래 줄로 움직이며 다운 스트로크 한다.

2. 두 번째로 검지를 가지고 다운 스트로크를 연습하자!

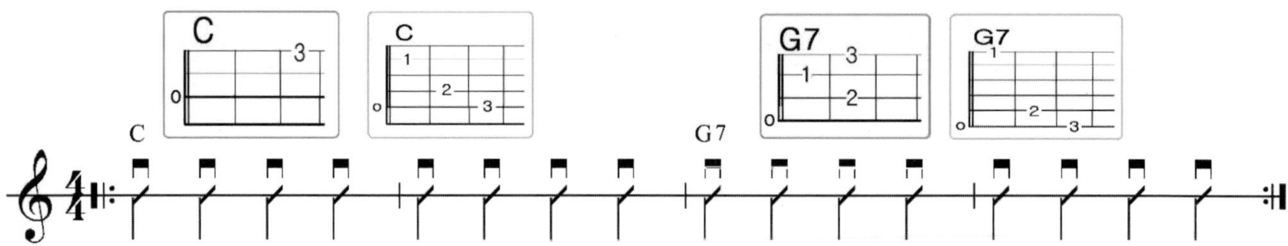

• 4비트는 한 마디에 다운 스트로크가 4번 연주되는 리듬이고 4/4박자 노래를 반주할 때 사용한다.

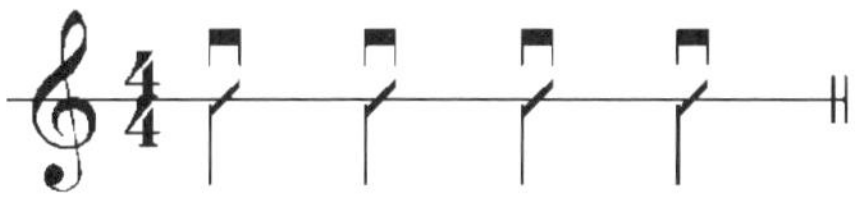

나비야

독일 민요

C   G7   C

나 비 야   나 비 야   이 리 날 아   오 너 라

엄지로 다운 스트로크

C

노 랑 나 비   흰 나 비   춤 을 추 며   오 너 라

G7   C

봄 바 람 에   꽃 잎 도   방 긋 방 긋   웃 으 며

G7   C

참 새 도   짹 짹 짹   춤 을 추 며   오 너 라

C   G7

C   G7

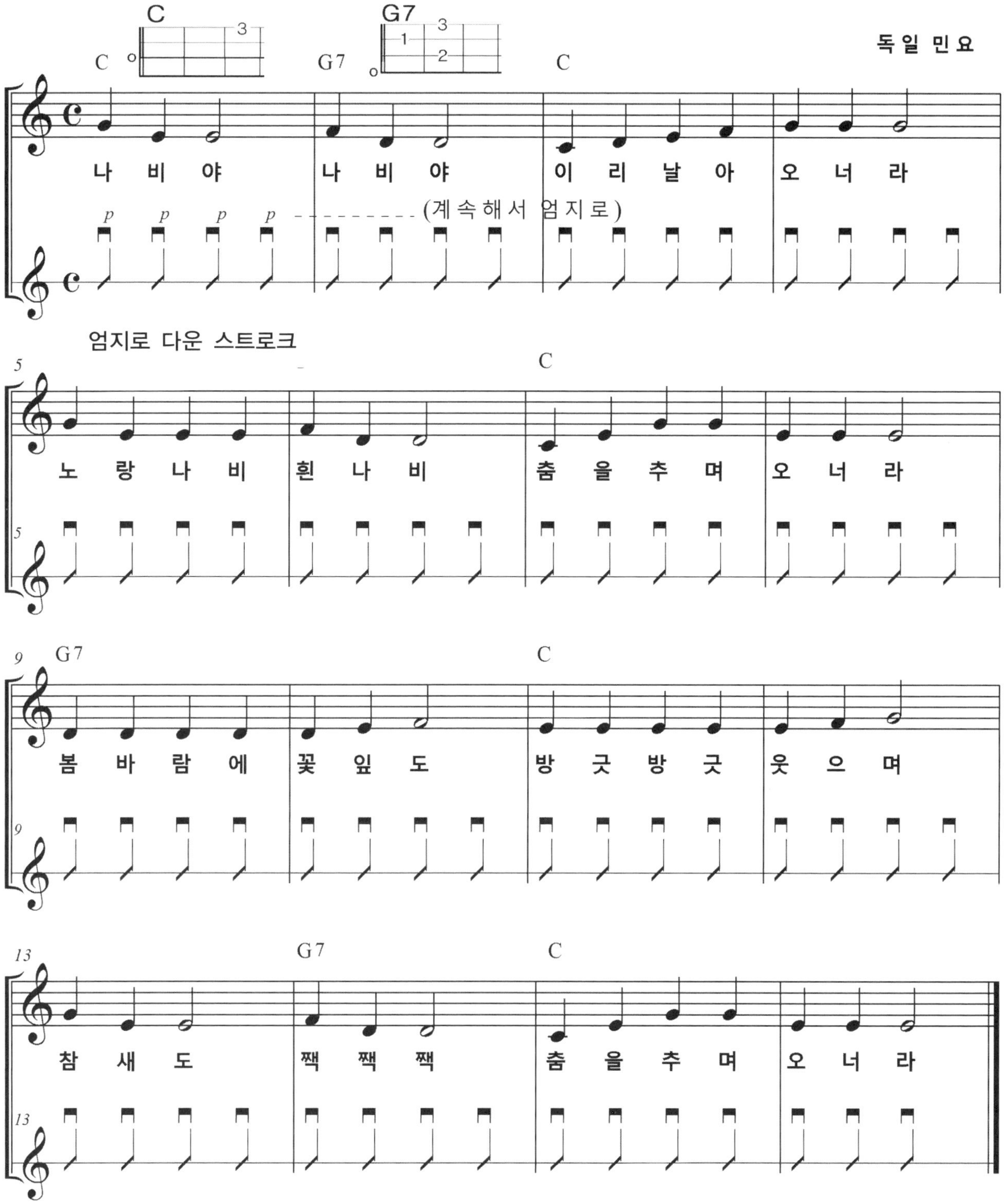

동영상 강의 6강

검지를 가지고
다운 스트로크하자!!

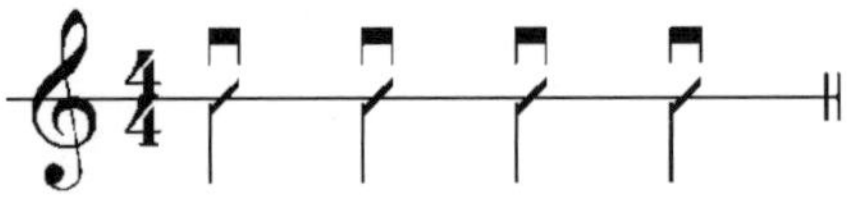

곰 세 마리

작자미상

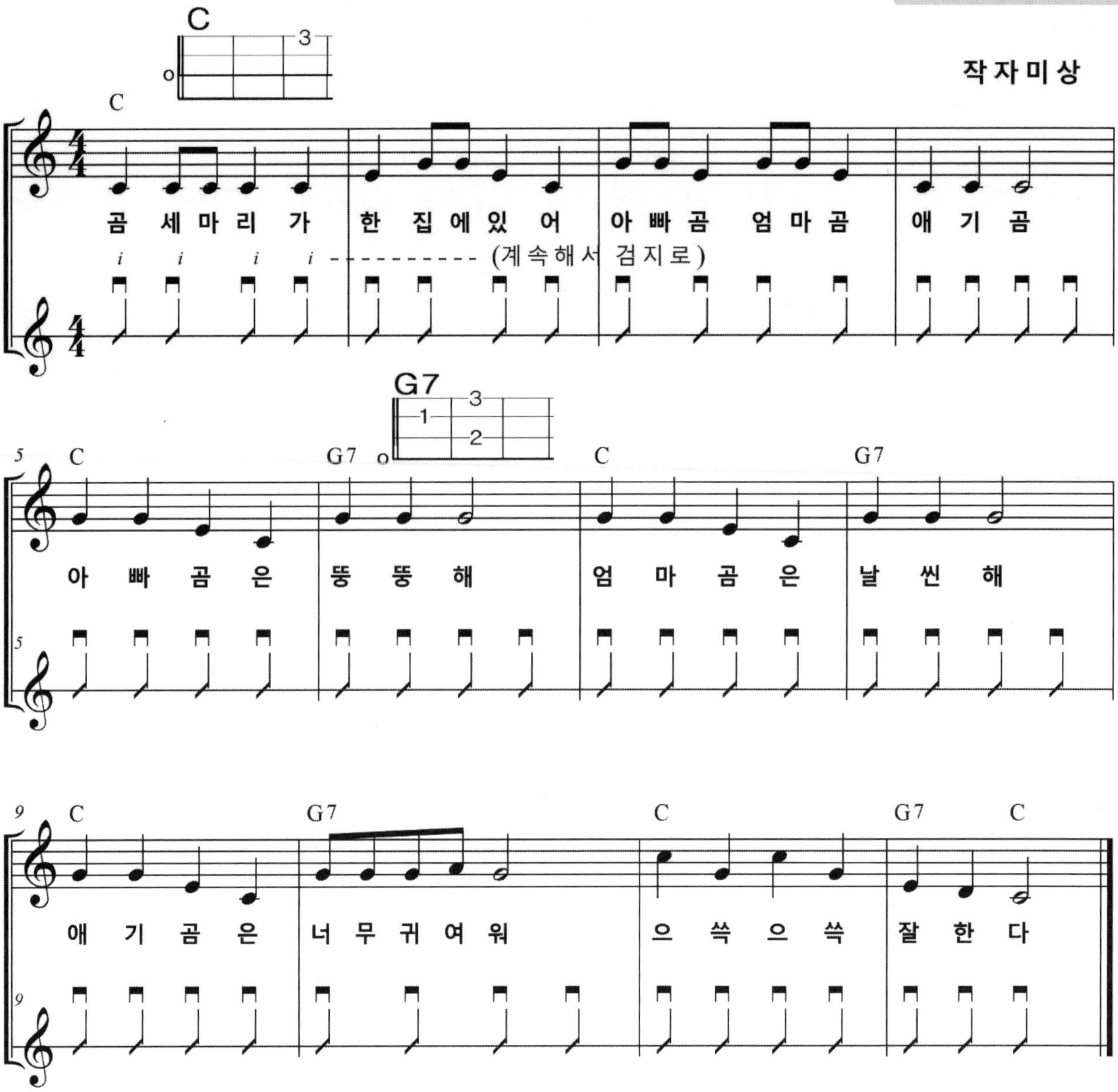

• 마지막 마디에서는 G7으로 두 번, C코드로 한 번 다운 스트로크 한다.

C코드에서
G7코드로 전환

• 3번 손가락을 한 프렛 왼쪽으로 이동한 후
• 나머지 음을 1, 2번 손가락으로 누른다.

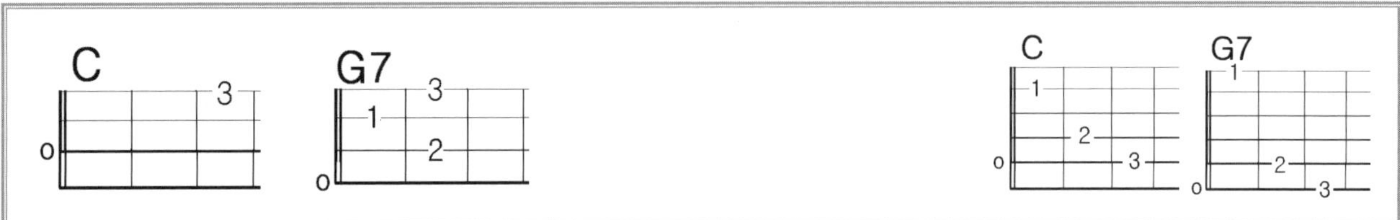

석별의 정

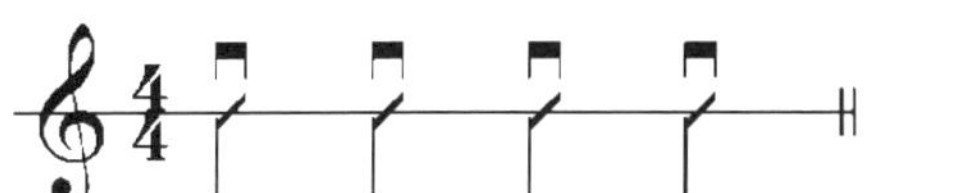

처음 두 줄은 **엄지를** 가지고 나머지 두 줄은 **검지를** 가지고 다운 스트로크하자!!

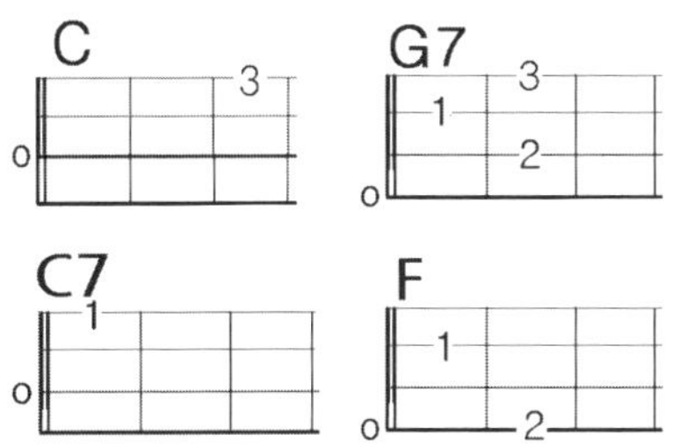

Slow Go Go

코크란 작곡

C

G7

날 이 밝으면멀리떠날 사랑 하는 님과함 께 마지

p   *p* — — — — — — — — — (계속해서 엄지로)

C7

F

C   G7   C

막 정을나누노라 면 기쁨 보 다 슬픔이앞 서 떠나

G7

C

갈 사 이 별이 란 야 속 하 기 짝 이 없 고 기 다

i i i i — — — — — — — — (계속해서 검지로)

C7

F

C   G7   C

릴 사 적막함이 란 애 닮 기 가 한 - 이 없 어

새로운 코드 **C7**과 **F**코드를 익히자!

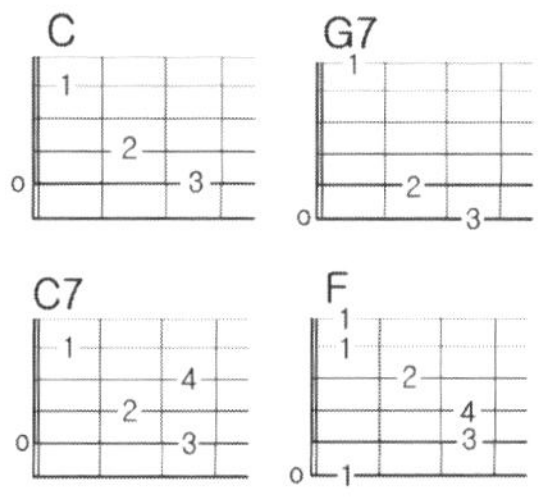

C   G7

C7   F

C   G7

C7   F

7. 업 스트로크(Up Stroke)

반대로 우쿨렐레 줄을 아래에서 위쪽으로, 즉 1번선에서 4번선 방향으로 연주하는 경우에는 다음과 같이 표시하고 이것은 업 스트로크라고 한다. (기타는 1번 줄에서 6번 줄 방향으로 스트로크)

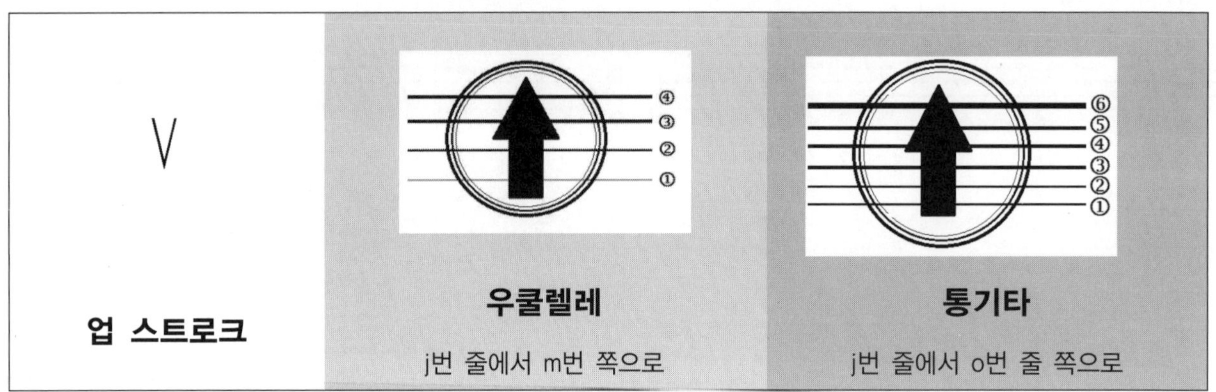

🔵 개방현에서 손가락의 업 스트로크

▌ 연습방법

1. **한 줄 업 스트로크** : 먼저 검지를 4번 줄 위에 올린 뒤 4번 줄을 당기듯이 업 스트로크 한다.

2. **두 줄 업 스트로크** : 그 다음 검지를 3번 줄 위에 올린 뒤 3, 4번 줄을 업 스트로크 한다.

3. **세 줄 업 스트로크** : 그 다음 검지를 2번 줄 위에 올린 뒤 2, 3, 4번 줄을 업 스트로크 한다.

4. **네 줄 업 스트로크** : 그 다음 검지를 1번 줄 위에 올린 뒤 1, 2, 3, 4번 줄을 업 스트로크 한다.

⇨ 위의 연습을 검지 대신 **엄지**를 사용하여 업 스트로크를 연습해보자!

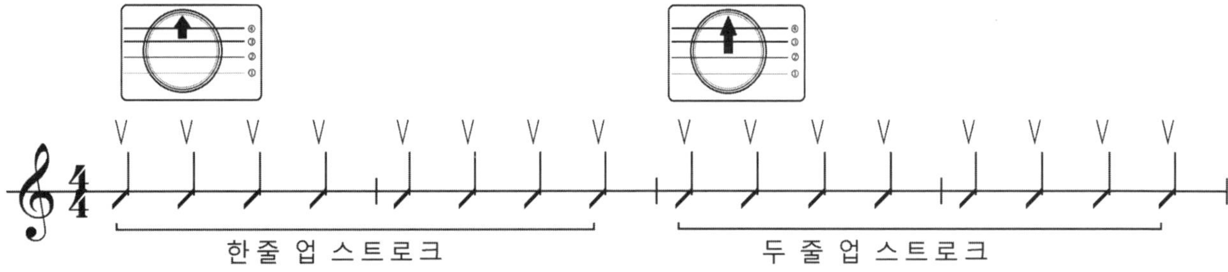

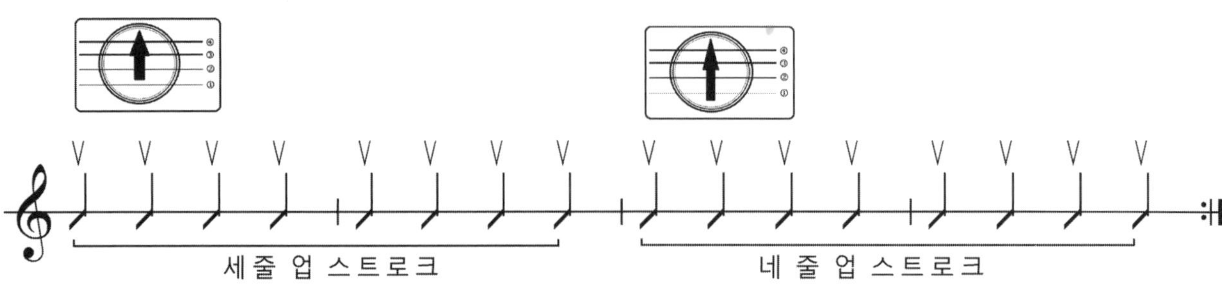

코드 익히기

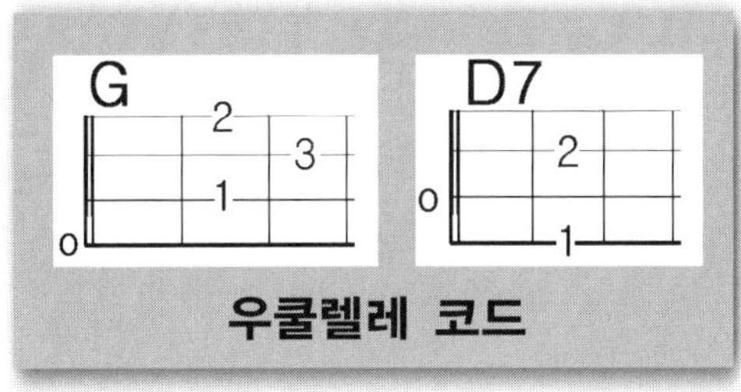

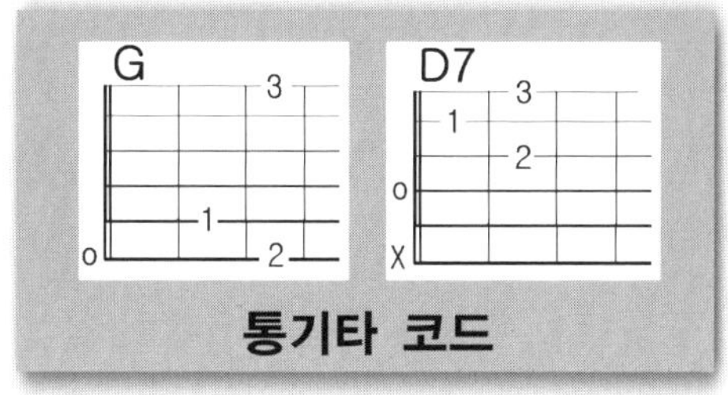

코드 전환법

- **G코드에서 D7코드로 바꿀 때 :** 먼저 1, 2번 손가락을 들어 올려 각각 한 줄 위로 옮긴 누른 뒤에, 3번 손가락은 뗀다.

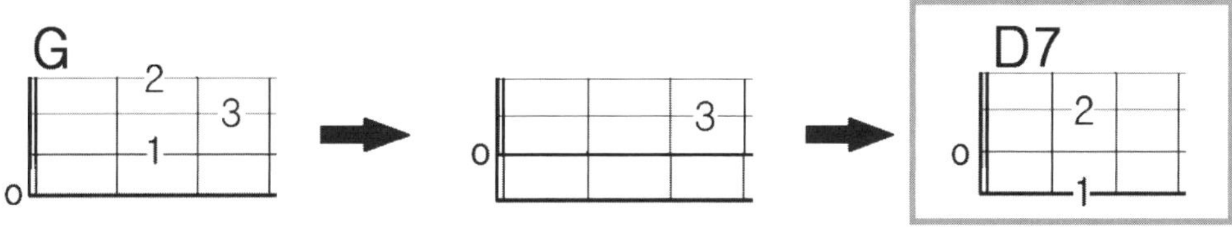

- **D7에서 G코드로 바꿀 때 :** 먼저 3번 손가락으로 누른 뒤에, 1, 2번 손가락을 들어서 올려 각각 한 줄 아래쪽으로 옮겨 누른다.

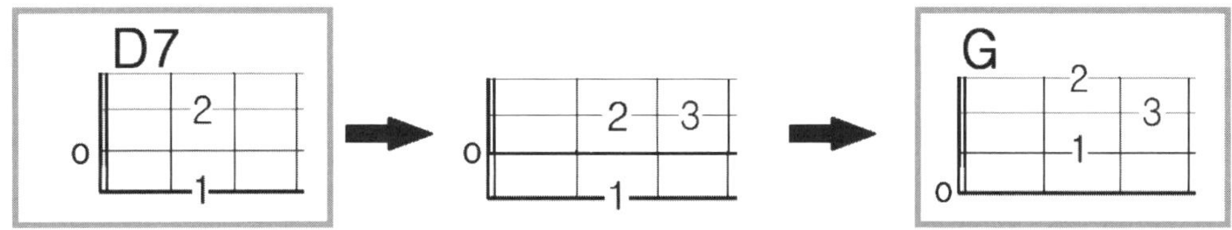

🔴 8비트(8Beat)리듬 익히기

▌연습방법

1. 엄지를 아래위로 움직이면서 다운과 업 스트로크를 반복해서 연주한다.

2. 검지를 아래위로 움직이면서 다운과 업 스트로크를 반복해서 연주한다.

3. 손을 움직이지 않고 손가락의 중간 관절과 뿌리관절만을 동작축으로 움직인다.

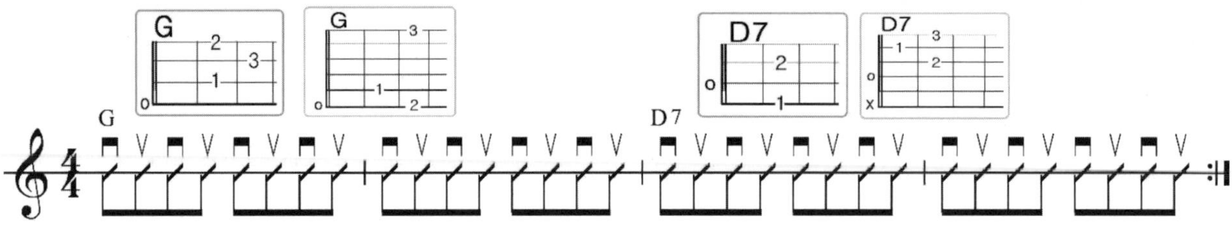

- 8비트는 한 마디에 다운 업이 교대로 스트로크가 8번 연주되는 리듬이고 4/4박자 노래를 반주할 때 사용한다.

검지로 다운,
업 스트로크

신데렐라

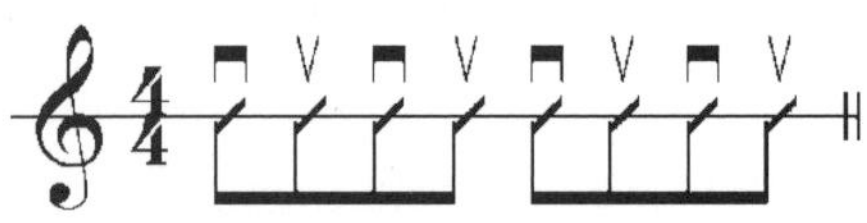

가을밤

동영상 강의 10강

손가락으로 다운, 업 스트로크

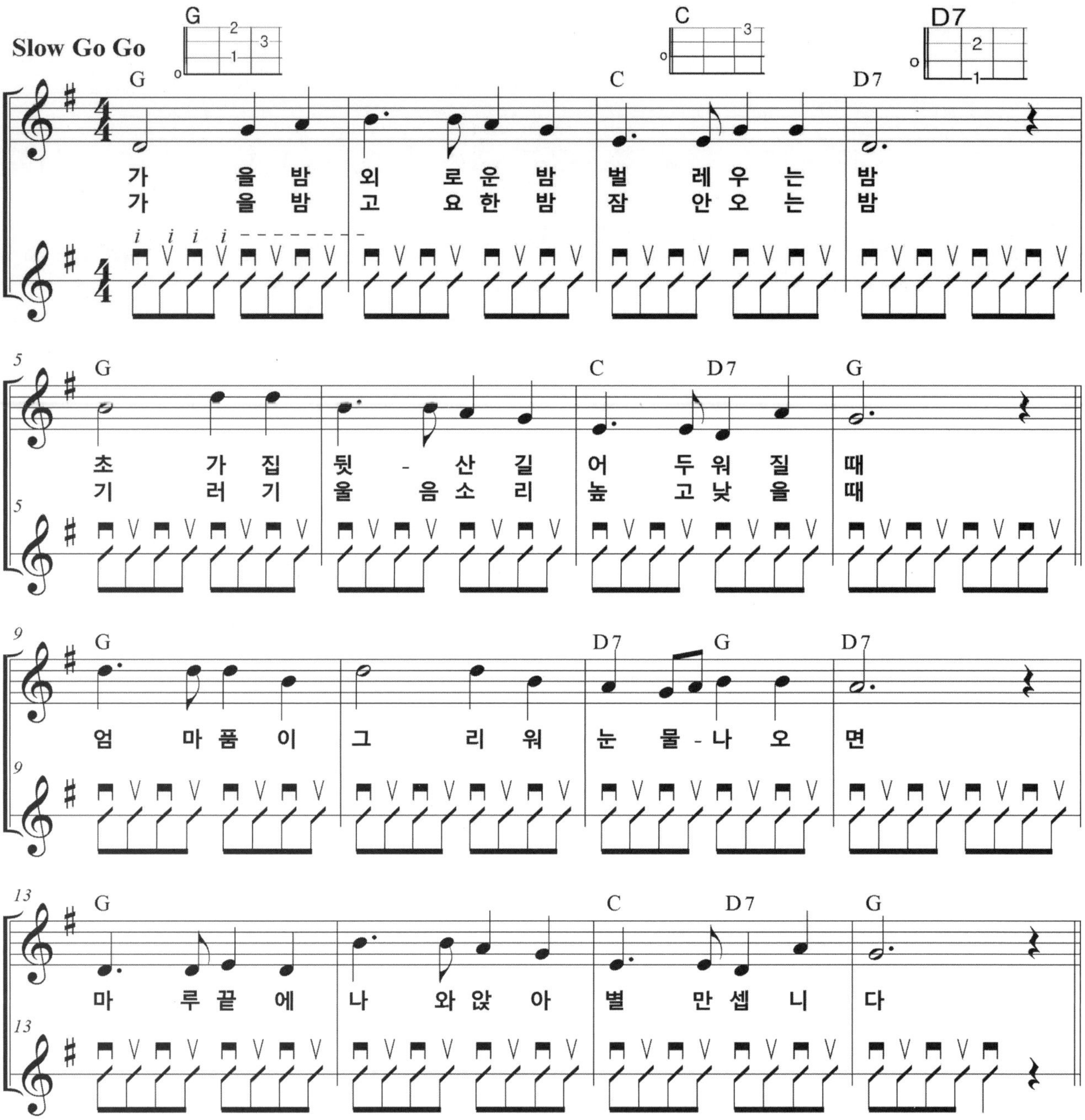

Slow Go Go
G C D7
가 을 밤 외 로 운 밤 벌 레 우 는 밤
가 을 밤 고 요 한 밤 잠 안 오 는 밤
G C D7 G
초 가 집 뒷 - 산 길 어 두 워 질 때
기 러 기 울 음 소 리 높 고 낮 을 때
G D7 G D7
엄 마 품 이 그 리 워 눈 물 - 나 오 면
G C D7 G
마 루 끝 에 나 와 앉 아 별 만 셉 니 다

G코드에서 D7코드로 전환

- 3번 손가락을 놓아 둔 채 1, 2번 손가락을 들어 한줄 씩 위로 누르고 난 뒤 3번 손가락을 뗀다.

G
D7
G
D7

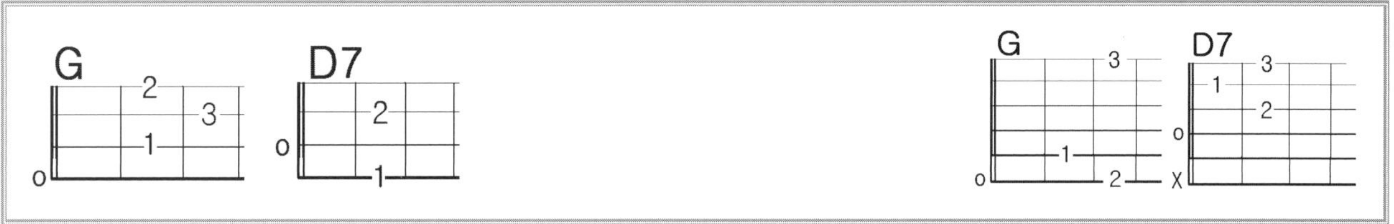

PART 2

우쿨렐레
필수 반주법과 실전곡

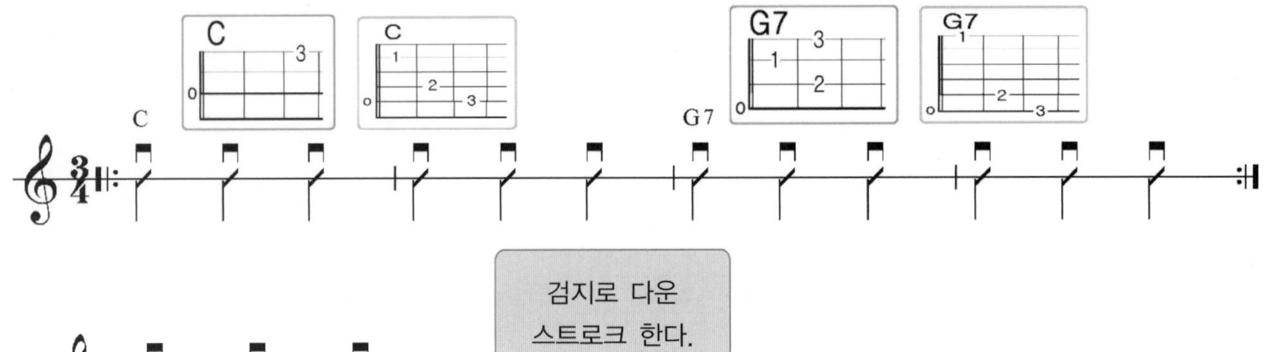
한 마디에 세 번씩
다운 스트로크 한다.
C
C
G7
G7

검지로 다운
스트로크 한다.
C
G7

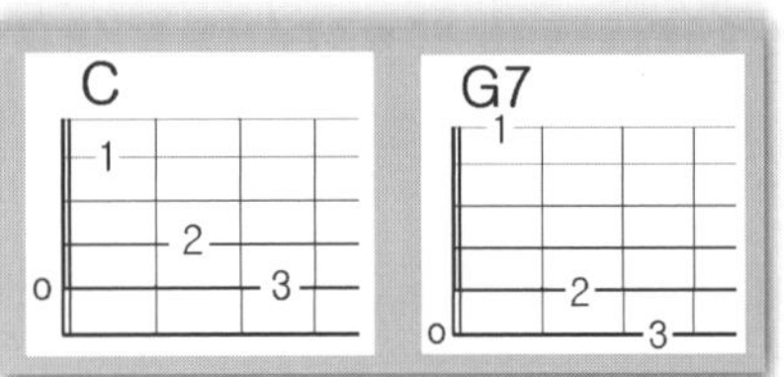

뻐꾸기

동영상 강의 11강

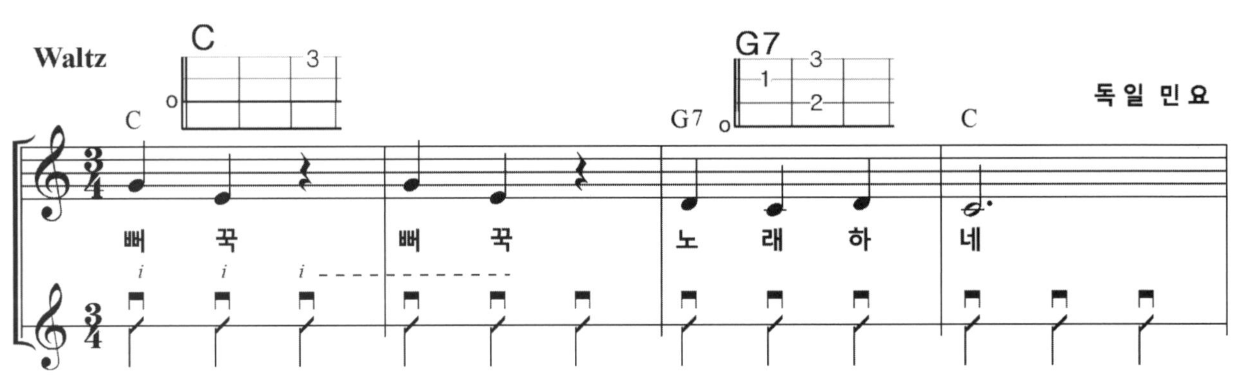
Waltz
C
C
G7
G7
C
독일 민요
뻐 꾹 뻐 꾹 노 래 하 네
i i i

G7
C
겨 울 은 가 고 새 봄 이 오 네

C
G7
C
뻐 꾹 뻐 꾹 반 가 워 요

2. 3/4박자 리듬 2

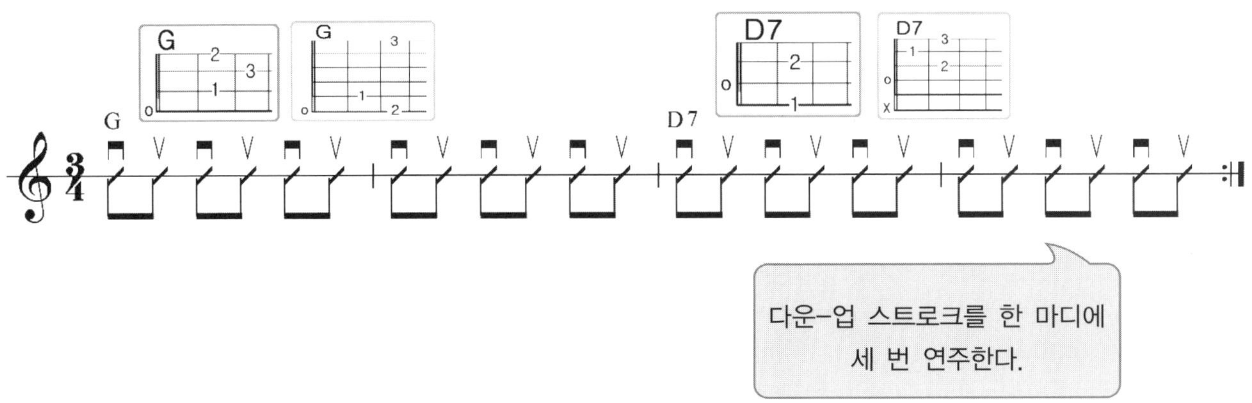

리듬 익히기

3/4박자는 한 마디에 4분음표가 3개 있는 박자이다.

4분음표 하나는 8분음표 2개가 됨으로 3/4박자에서는 한 마디에 8분음표가 6개가 연주된다.

다음에 주어진 리듬을 먼저 손뼉을 치거나 책상을 두드려서 연습해본 뒤에 우쿨렐레로 연습하자!

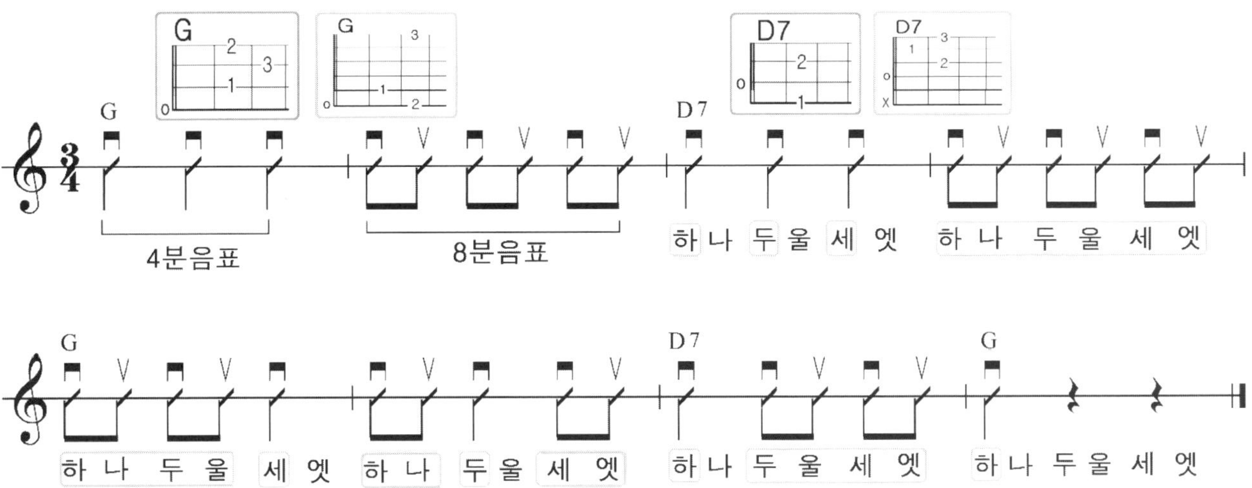

클레멘타인

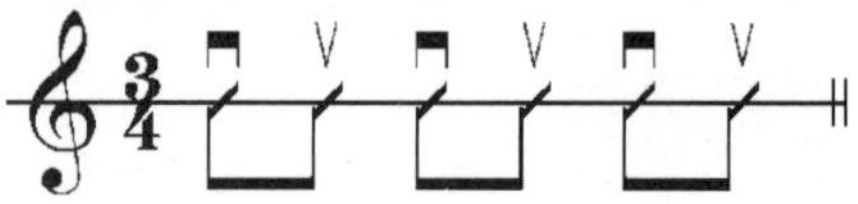

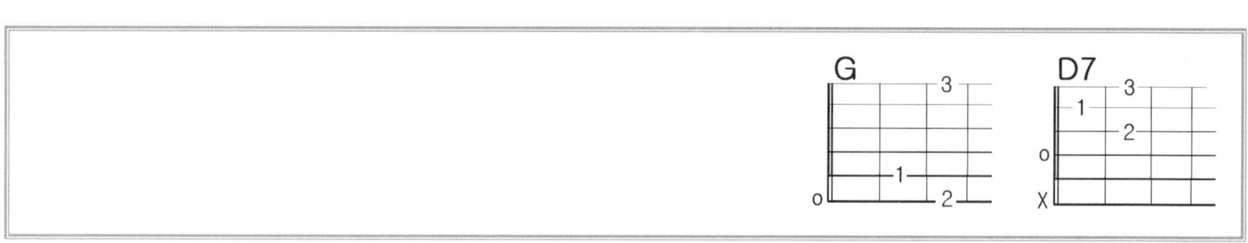
Waltz
G
D7
넓 고 넓 은 바 닷 가 에 오 막 살 이 집 한 채 고 기
잡 는 아 버 지 와 철 모 르 는 딸 있 네 내 사
랑 아 내 사 랑 아 나 의 사 랑 클 레 멘 타 인 늙 은
아 비 혼 자 두 고 영 영 어 디 갔 느 냐
G
D7

3. 4/4박자 리듬 1

모두 검지를 사용하여 스트로크 한다. 1, 3박의 업 스트로크가 **헛피킹**인 것에 주의!!

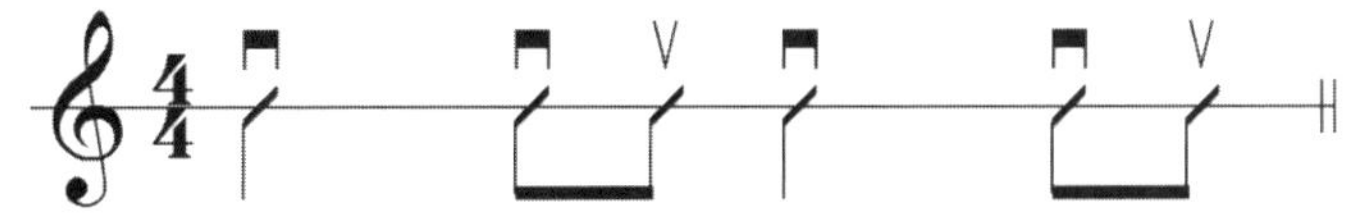

하	나	두	울	세	엣	네	엣
⬇	⬆	⬇	⬆	⬇	⬆	⬇	⬆
다운	빼고	다운	업	다운	빼고	다운	업

● 코드 익히기

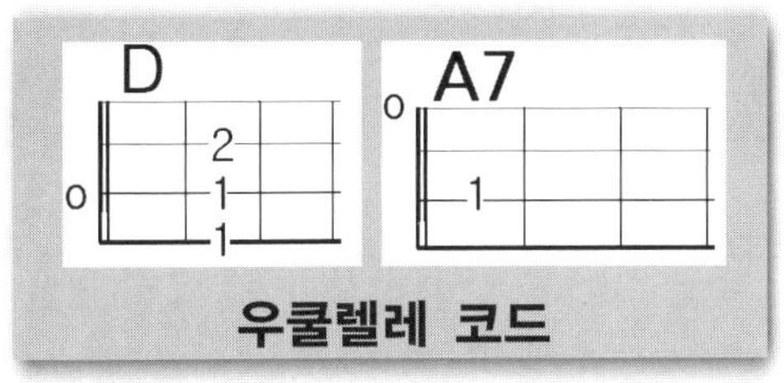

우쿨렐레 코드

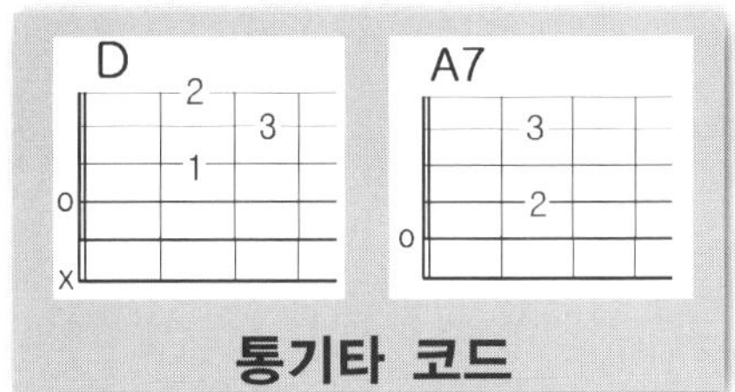

통기타 코드

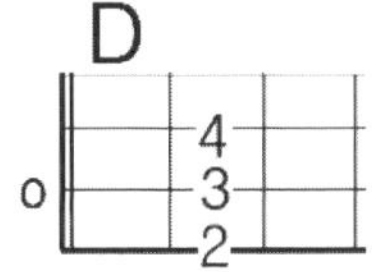

- D코드에서 1번 손가락으로 두 줄을 동시에 누르다.
- D코드는 2, 3, 4번 손가락으로 눌러도 된다.

● 코드 전환법

- **D코드에서 A7코드로 바꿀 때 :** 먼저 1번 손가락을 들어 올려 3번 줄 1프렛을 누르면서 2번 손가락을 뗀다.

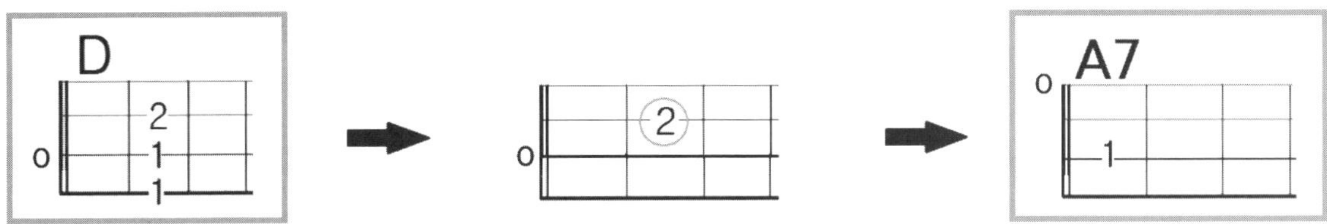

- **A7에서 D코드로 바꿀 때 :** 먼저 2번 손가락으로 2번 줄 2프렛을 누른 뒤에, 1번 손가락을 들어서 올려 3, 4번 줄 2프렛을 동시에 누른다.

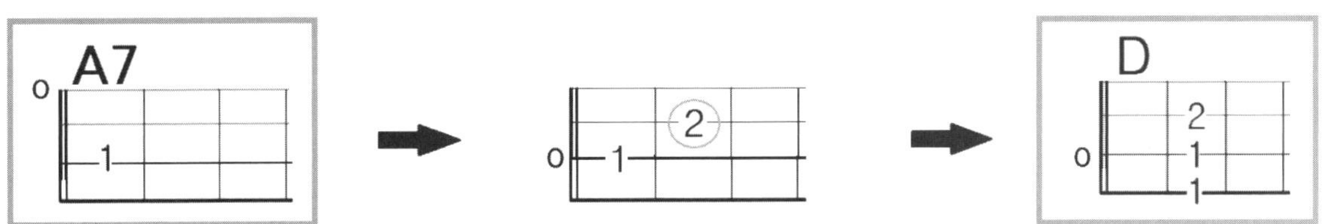

- **1단계 리듬연습** : 4분음표 하나는 8분음표 두 개의 길이가 된다. 먼저 박수를 치거나 책상을 두드려서 리듬을 연습한다. 리듬이 이해가 된 다음에 우쿨렐레에서 검지를 사용해서 다운과 업 스트로크를 연습한다.

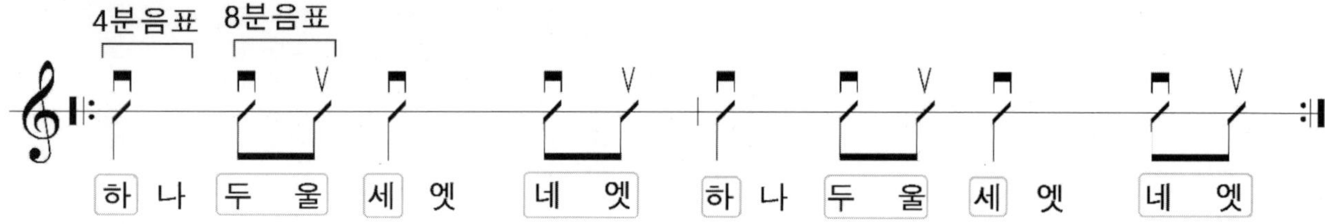

- **2단계 코드전환연습 D → A7** : 리듬의 마지막 업 스트로크를 연주할 때 1번 손가락을 들어 올린다. 곧바로 1번 손가락으로 3번 줄 1프렛을 누르면서 2번 손가락을 줄에선 들어 올린다.

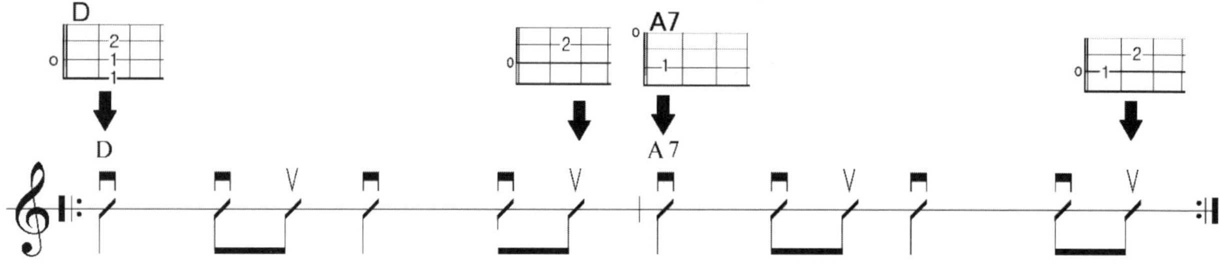

- **3단계 코드전환연습 A7 → D** : A7코드를 누른 채 2번 손가락으로 2번 줄 2프렛을 누른다. 곧바로 1번 손가락을 들어 올려 3, 4번 줄 2프렛을 누른다.

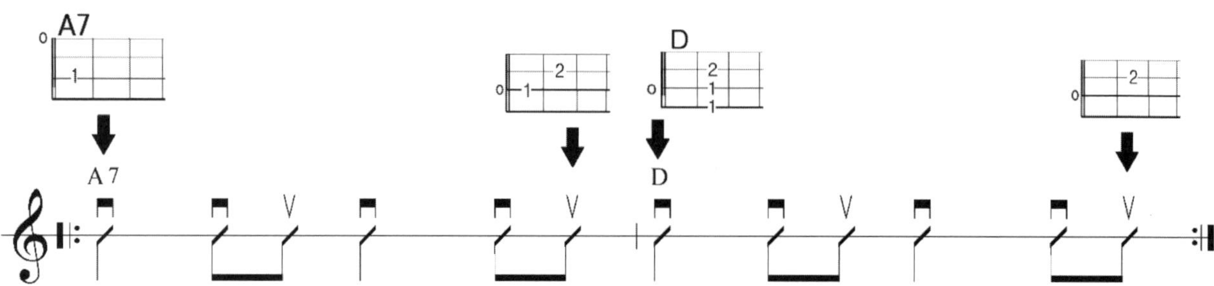

열 꼬마 인디언

미국 민요

D코드에서 **A7코드로 전환**	• 2번 손가락을 놓아 둔 채 1번 손가락을 들어 올린 후 • 1번 손가락으로 3번 줄 1프렛을 누르면서 2번 손가락을 뗀다.
A7코드에서 **D코드로 전환**	• 먼저 2번 손가락으로 2번 줄 2프렛을 누른 후 • 1번 손가락을 떼어서 나머지 두 음을 동시에 누른다.

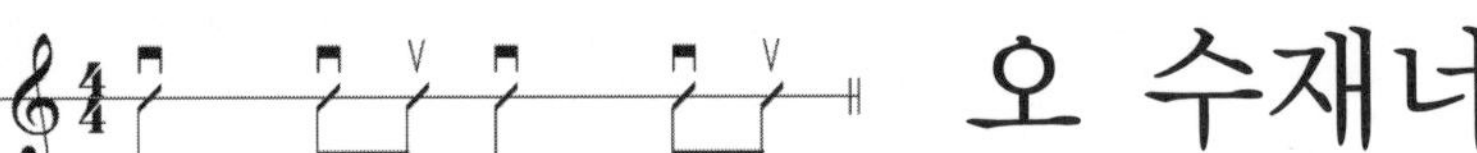

동영상 강의 16강

오 수재너

처음에 느리게 연습하고
점차 빠르게 연습한다.

D

A7

멀 - 고 먼 앨 라 배 마 나 의 고 향 은 그 곳 벤 -
나 온 고 향 하 늘 가 에 구 름 은 일 어 비 -

D

A7

1. D

2. D

죠 를 메 고 나 는 너 를 찾 아 왔 노 라 떠 - 라
끼 는 저 녁 햇 살 그 윽 하 게 비 치 - - - - - 네

한 마디에 코드가 두 개인 경우
리듬을 둘로 나누어 연주

G

D

A7

오 수 재 너 여 노 래 부 르 자 멀 -

D

A7

D

고 먼 앨 라 배 마 나 의 고 향 은 그 곳

D

A7

G

D

A7

G

34

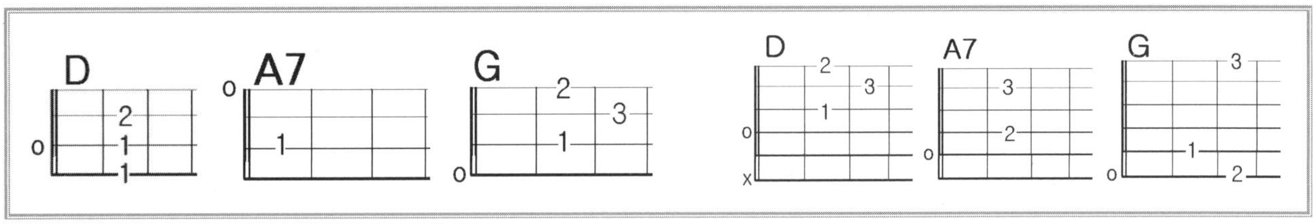

4. 4/4박자 리듬 2

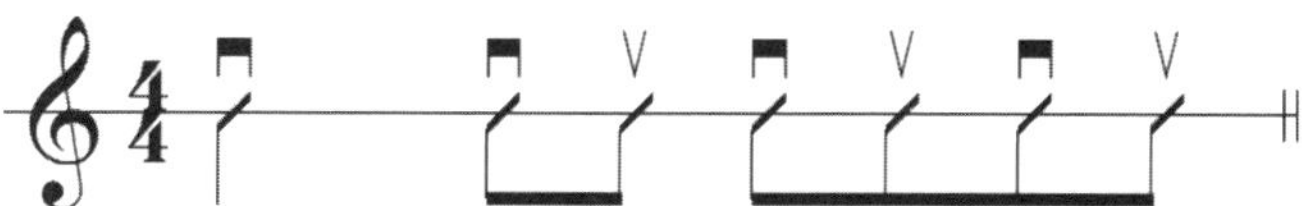

하	나	두	울	세	엣	네	엣
↓	⇧	↓	↑	↓	↑	↓	↑
다운	빼고	다운	업	다운	업	다운	업

🎸 코드 익히기

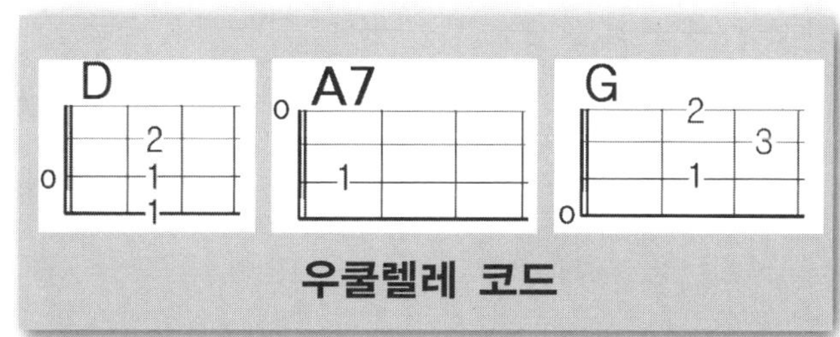

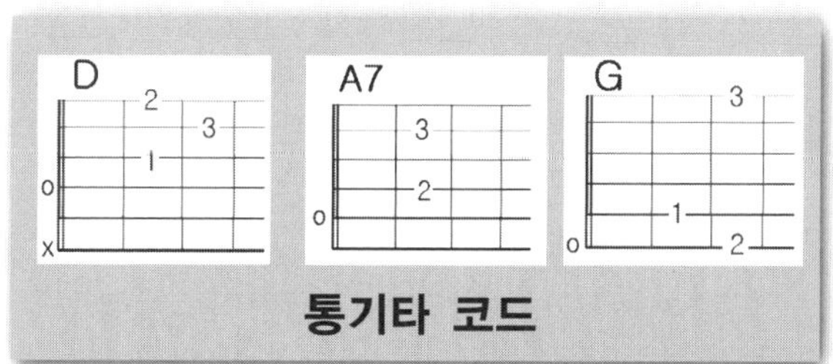

- D코드는 바레로 잡는다. "바레"의 의미는 한 손가락으로 두 줄 이상의 줄을 누르는 것을 말한다. D코드는 1번 손가락으로 3, 4번 줄 2프렛을 동시에 누르는 코드이다.

- **1단계 리듬연습 :** 4분음표 하나는 8분음표 두 개의 길이가 된다. 먼저 박수나 책상을 두드려서 리듬을 연습한다. 리듬이 이해가 된 다음에 우쿨렐레에서 검지를 사용해서 다운과 업 스트로크를 연습한다.

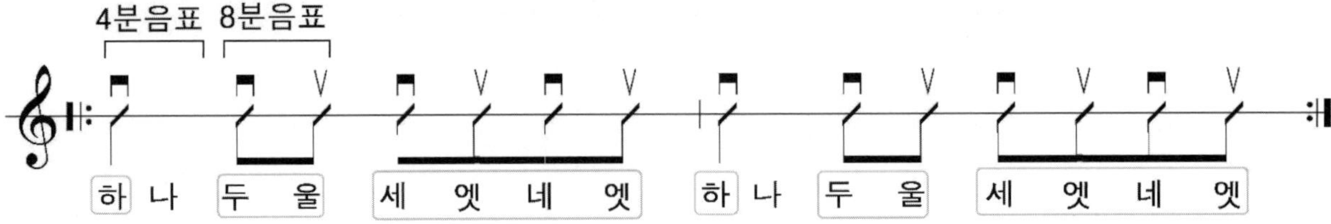

- **2단계 코드전환연습 D → A7 :** 리듬의 마지막 업 스트로크를 연주할 때 1번 손가락을 들어 올린다. 곧바로 1번 손가락으로 3번 줄 1프렛을 누르면서 2번 손가락을 줄에선 들어 올린다.

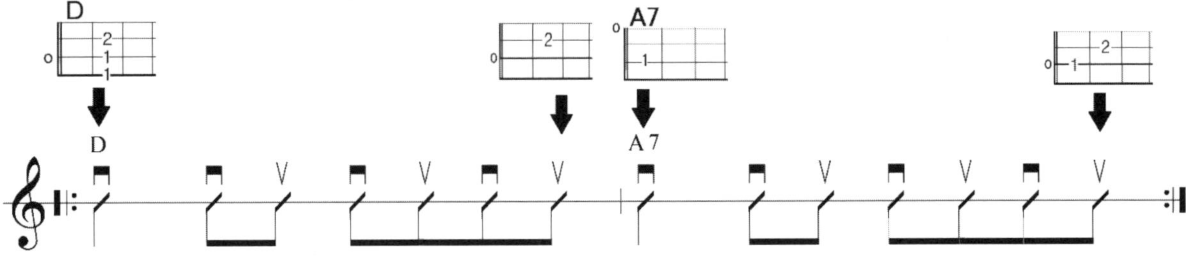

- **3단계 코드전환연습 A7 → D :** A7코드를 누른 채 2번 손가락으로 2번 줄 2프렛을 누른다. 곧바로 1번 손가락을 들어 올려 3, 4번 줄 2프렛을 누른다.

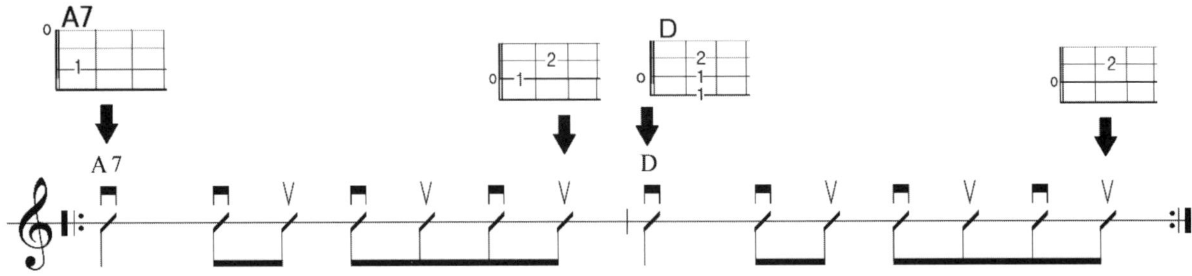

작별

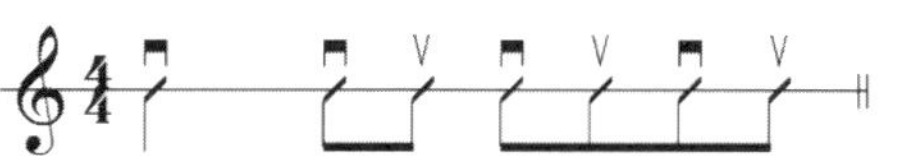

동영상 강의 18강
코드가 한 마디에 두 개 있는 경우 리듬을 둘로 나누어 반반씩 연주한다.

Slow Go Go

D A7 D G

오 랫 동 안 사 귀 었 던 정 든 내 친 구 여 작
잘 가 시 오 잘 있 으 오 축 배 를 든 손 엔 석

D A7 G A7 D

별 이 란 왠 말 인 가 가 야 만 하 는 가 어
별 의 정 잊 지 못 해 눈 물 을 흘 리 네 이

D A7 D G

디 간 들 잊 으 리 요 두 터 운 우 리 정 다
자 리 를 이 마 음 을 길 이 간 직 하 고 다

D A7 G A7 D

시 만 날 그 날 위 해 축 배 를 올 리 자
시 만 날 그 날 위 해 노 래 를 부 르 자

D A7 G
D A7 G

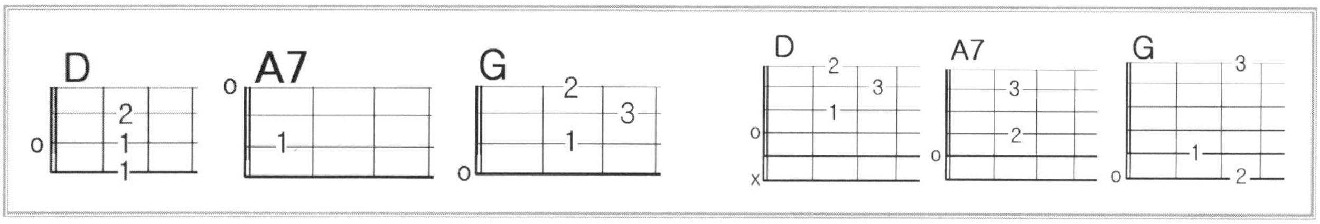

봄바람

동영상 강의 19강
코드 전환이 자연스러울 때
까지 충분히 연습하자!
모짜르트 작곡
D
G
A7
D A7 D A7 D A7 D
솔 솔 부는 봄 바 람 쌓 인 눈 녹 이 고
솔 솔 부는 봄 바 람 얼 음 을 녹 이 고
D A7 D A7 D A7 D A7
잔 디 밭 에 새 싹 - 이 파 롯 파 롯 나 고 요
먼 산 머 리 아 지 랑 이 아 롱 아 롱 어 리 - 며
D G D A7 D A7 D
시 냇 물 은 졸 졸 - 졸 노 래 하 며 흐 르 네
종 다 리 는 종 종 - 종 새 봄 노 래 합 니 다
D A7 G D A7 G

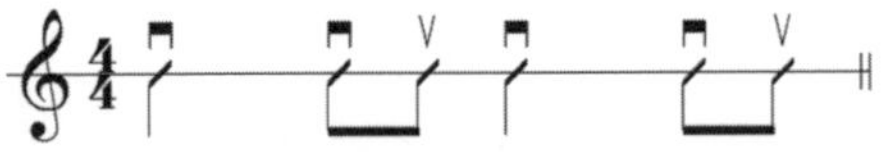

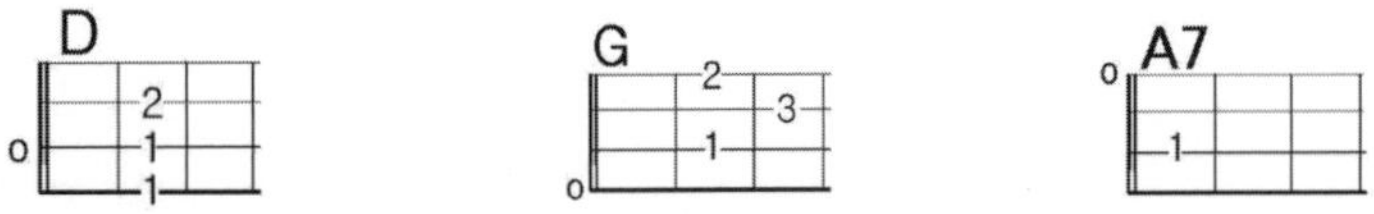

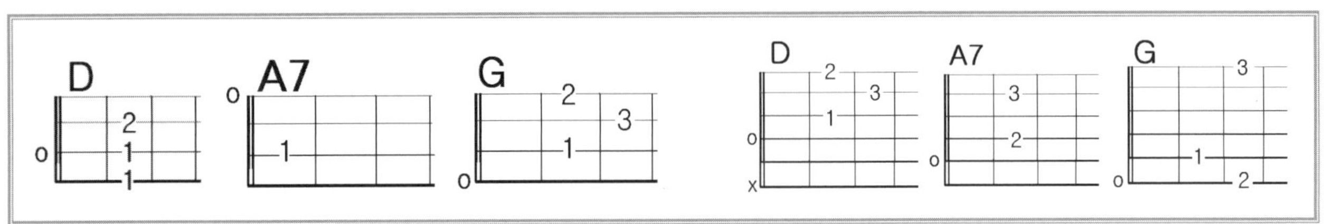

5. 슬로우 고고 리듬

슬로우 고고는 4/4박자의 느린 노래를 반주하는 리듬이다.

1, 3박자는 두 번 다운 스트로크하고 2, 4박자는 다운과 업 스트로크를 교대로 연주하고 2박과 4박에 악센트가 연주된다.

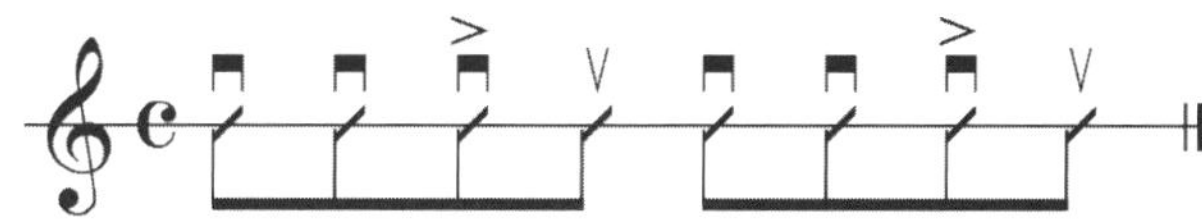

하	나	두	울	세	엣	네	엣
↓	↓	↓	↑	↓	↓	↓	↑
다운	다운	다운	업	다운	다운	다운	업

🎵 코드 익히기

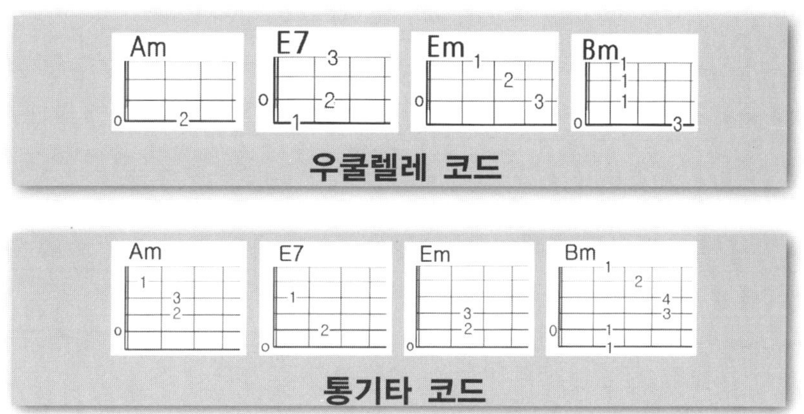

🎵 리듬 익히기

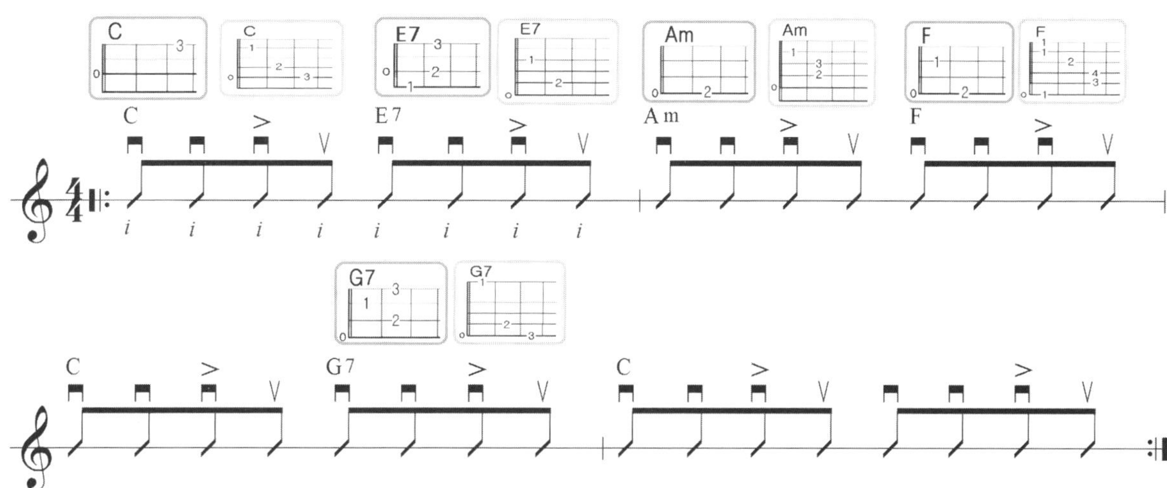

고향의 봄

나의 살-던 고향은 꽃 피는 산-골
꽃 - 동-네 새 동 네 나 의 옛 고 -향
복 숭 아 꽃 살 구-꽃 - 아 기 진 달 -래
파 - 란 들 남 쪽-에 서 바 람 이 불 -면
울 긋 불 긋 꽃 - 대 궐 차 린 - 동-네
냇 - 가 에 수 양 버 들 춤 추 는 동 -네
그 속 에 서 놀 던-때 가 그 립 습 니 -다

너의 의미

Slow Go Go
G
D7
C
Em
Bm
너의 그 한 마디 말 도   그 웃음도 나에겐 - 커 다 란 의
D7   G   D7   C
미 - - - -   너의 그 작은 눈 빛 도   쓸 쓸 한 뒷 모 습 도
Em   Bm   D7   C   G
나에겐 - 힘 겨 운 약 속 - - -   너의 모 든 것은 내게로
여기서 부터 네 마디는
변화된 리듬을 연주한다.
D7   C   G   D7
와 - - -   풀 리 지 않 는 수 수 께 끼 가 - 되 네

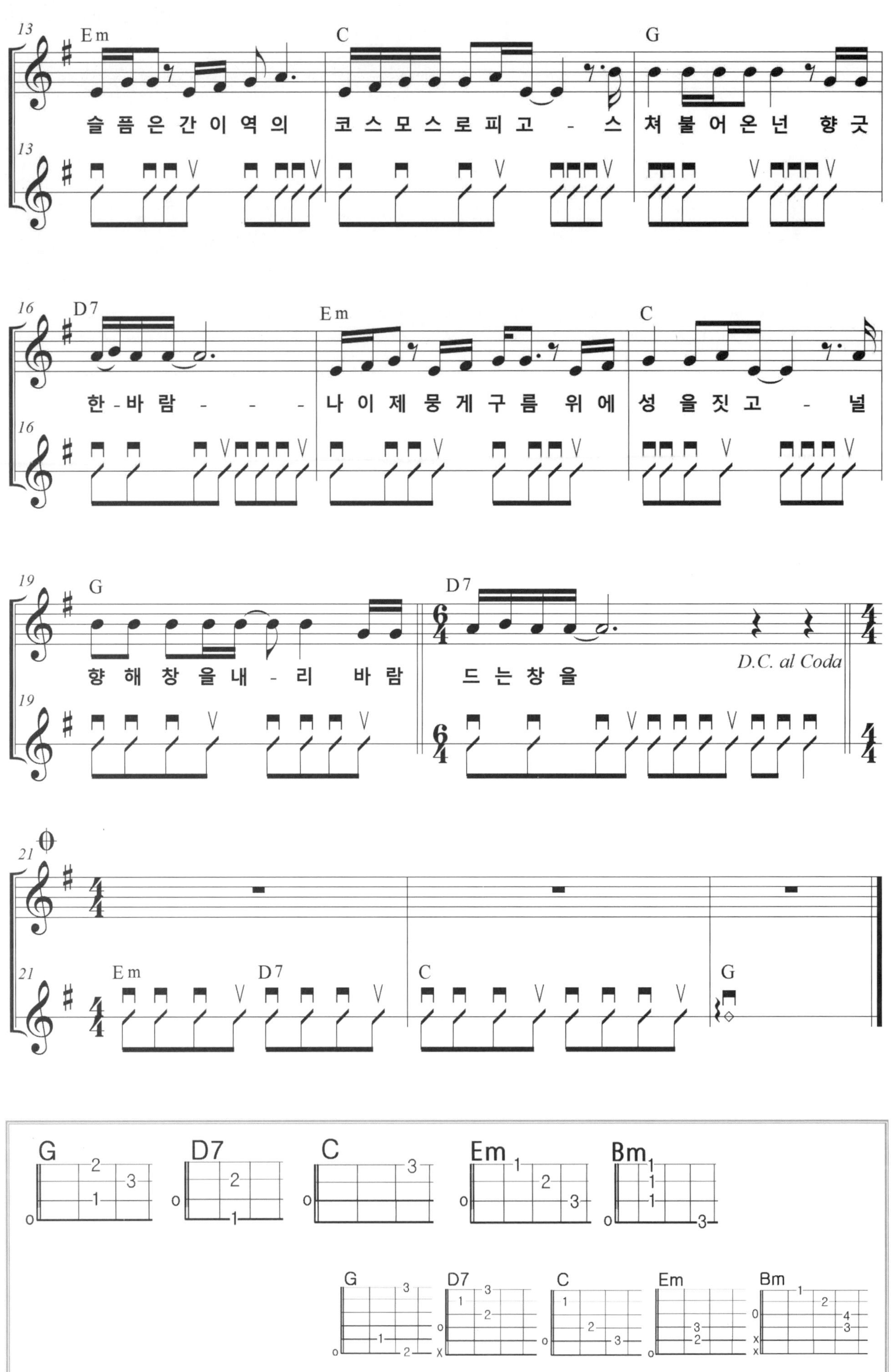

슬픔은간이역의 코스모스로피고 - 스쳐불어온넌 향굿
한 - 바람 - - - 나이제뭉게구름위에 성을짓고 - 널
향해창을내 - 리바람 드는창을
D.C. al Coda
G D7 C Em Bm
G D7 C Em Bm

6. 셋잇단음표(3연음)

4분음표를 둘로 나누면 8분음표가 되고 셋으로 나누면 셋잇단음표(3연음)가 된다.

셋잇단음표는 8분음표 세 개를 묶어 놓고 숫자 "3"을 기재한다.

	4분음표	8분음표	셋잇단음표	16분음표
1박자				

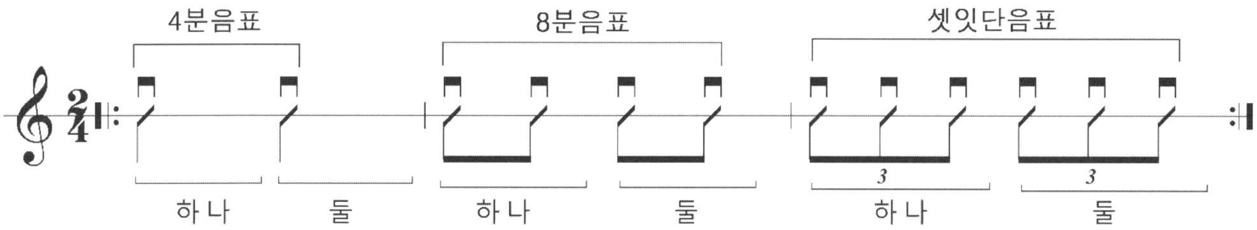

🔵 리듬 익히기

연습 1 4분음표와 8분음표의 관계 4분음표 하나는 8분음표 2개의 길이가 된다.

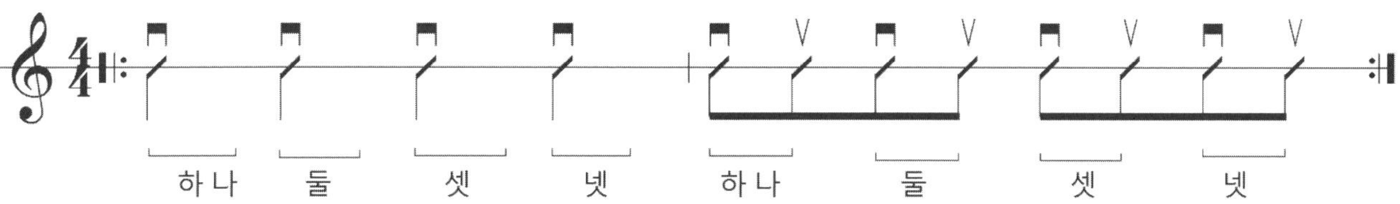

연습 2 4분음표와 셋잇단음표와의 관계 4분음표 하나는 셋잇단음표 3개의 길이가 된다.

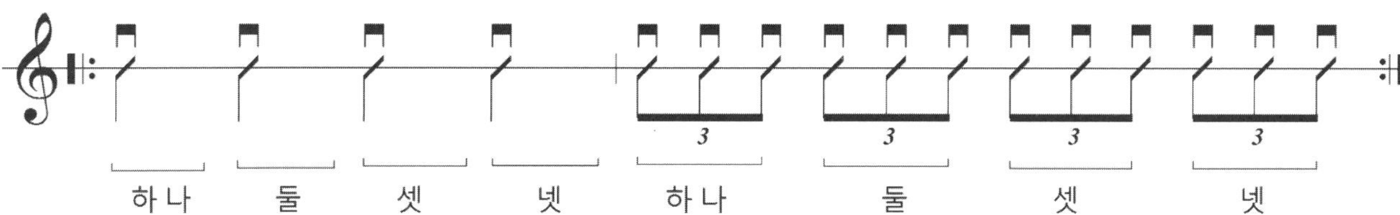

7. 슬로우 록 리듬 1

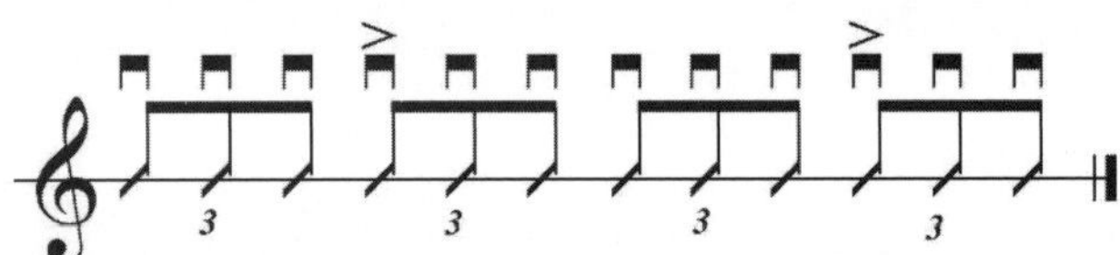

처음에는 천천히 12비트가 일정하게 연주되도록 한다. 그 뒤에 2, 4박 첫 음의 악센트를 넣어서 연주하면 슬로우 록 리듬이 완성된다.

하나	둘	셋	둘	둘	셋	셋	둘	셋	넷	둘	셋
↓	↓	↓	↓	↓	↓	↓	↓	↓	↓	↓	↓
다운	다운	다운	다운	다운	다운	다운	다운	다운	다운	다운	다운

〈슬로우 록 1〉주법은 12비트라고도 부르는데 한마디에 12개의 비트를 연주한다는 의미이다. 3개의 비트를 한 박자로 묶으면 총 4박자가 되고 각각의 박자를 세 번씩 다운 스트로크 한다. 즉 세 번씩 네 번 다운 스트로크 한다. 이때 2, 4박의 첫 번째 다운 스트로크에는 강한 악센트를 붙여 연주한다.

🔘 코드 익히기

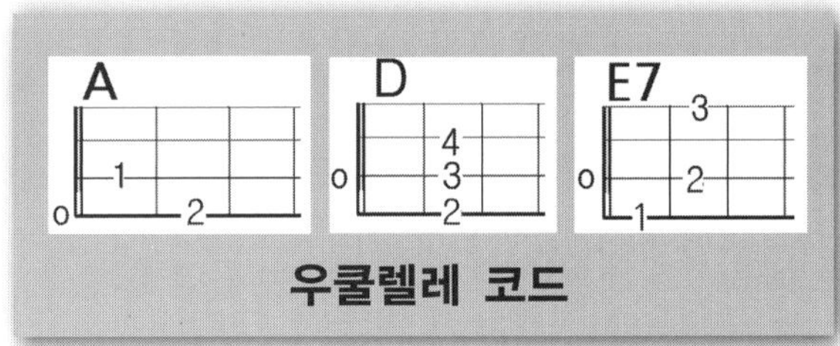

우쿨렐레 코드

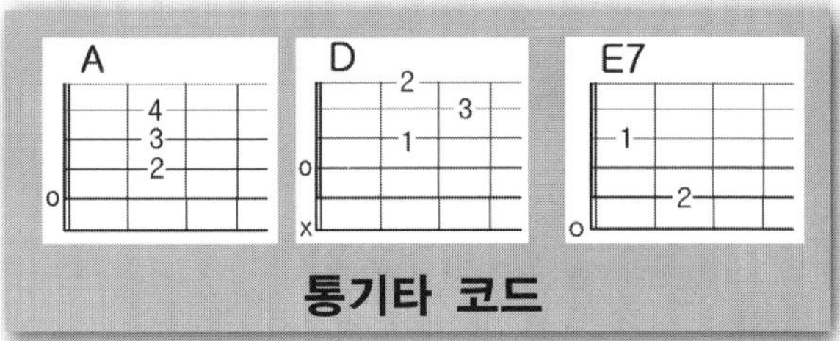

통기타 코드

D코드를 누르는 다른 방법은 다음과 같이 2, 3,4번 손가락으로 2, 3, 4번 줄 2프렛을 누르는 방법이다.
A코드에서 D코드로 진행할 때2번 손가락이 공통 손가락임으로 그대로 놓아 둔 채3, 4번 손가락으로 다른 음만 누르면 된다.

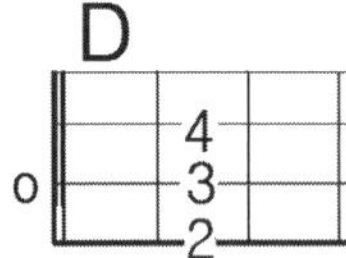

🔘 코드 전환법

• A코드에서 D코드로 바꿀 때 : 먼저 1번 손가락을 들어 올리고 난 뒤, 2번 손가락은 놓아 둔 채 3, 4번 손가락으로 2, 3번 줄 2프렛을 누른다.

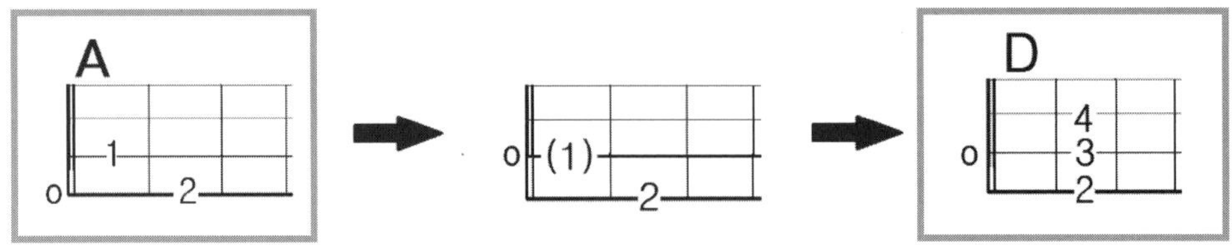

• **D코드에서 E7코드로 바꿀 때 :** 먼저 D코드를 누른 채 1번 손가락으로 4번 줄 1프렛을 누르고 난 뒤, 2, 3, 4번 손가락을 들어 올리고, 그 뒤에 2, 3번 손가락으로 3번 줄 2프렛, 2번 줄 2프렛을 누른다.

리듬 익히기

한 박자를 셋으로 나누어 다운 스트로크하는데 첫 음을 다른 두 개에 비하여 강하게 스트로크 한다.

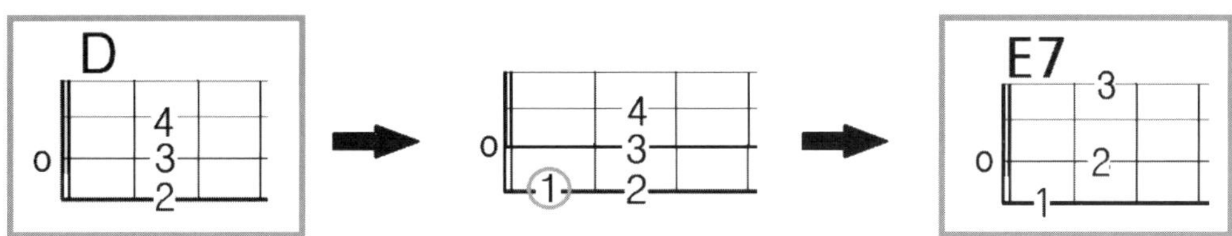

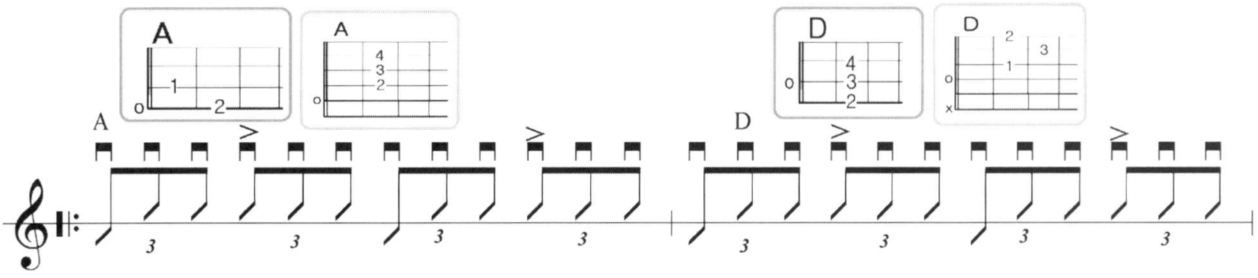

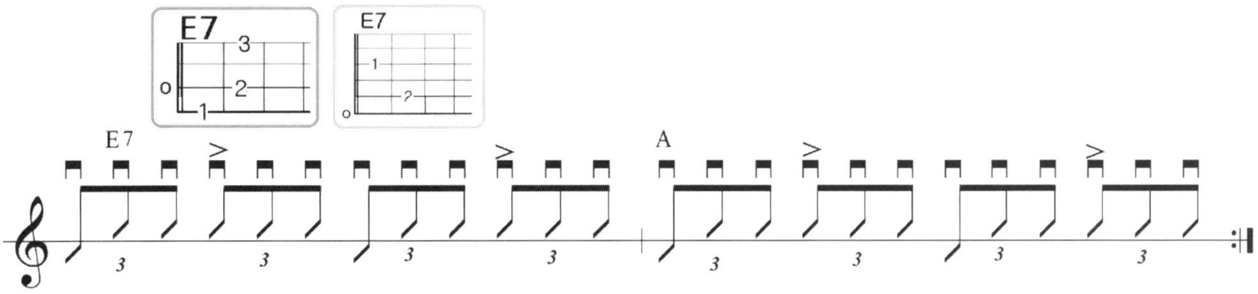

슬로우 록 리듬은 1, 3박자의 1박에 악센트를 넣어 연주한다.

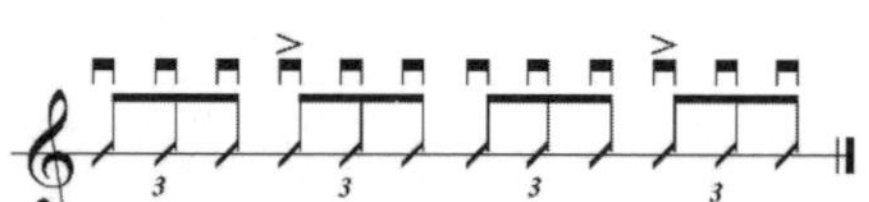

동영상 강의 25강

주어진 슬로우 록 리듬을 한
마디에 한 번씩 연주하고 코
드가 한 마디에 두 개면 리
듬을 반씩 나누어 연주!!

만 남

Slow Rock
최대석 작곡
A   D   E7
E7
A   D   A   E7   A
D   A   E7   A
D   A   E7   1. A   2. A

우 - 리 만 남 은 우 연 이 - 아 니 야 - 그 것
엔 너 무 한 나 의 운 명 이 었 기 에 바 랄 수

은 우 리 의 바 램 이 었 어 잊 - 기
는 없 지

만 영 원 을 태 우 리 돌 아 보 지 말

아 후 회 하 지 말 아 아 바 보 같

은 눈 물 보 이 지 말 아 사 랑 해 사 - 랑

해 너 를 너 를 사 랑 해 돌 해

A   D   E7   A   D   E7

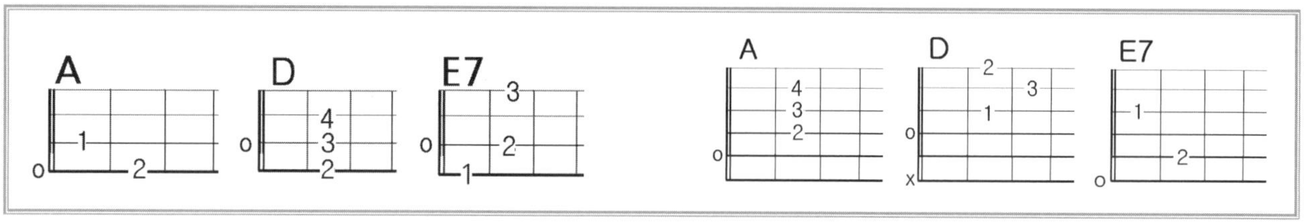

8. 슬로우 록 리듬 2

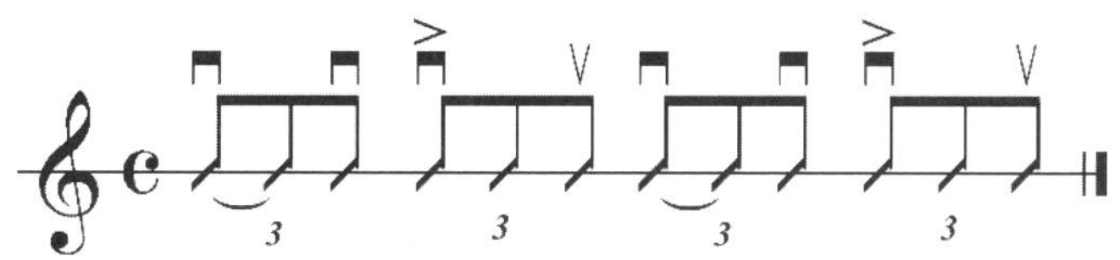

하나	둘	셋	둘	둘	셋	셋	둘	셋	넷	둘	셋
↓	↑	↓	↓	X	↑	↓	↑	↓	↓	X	↑
다운	빼고	다운	다운	고정	업	다운	빼고	다운	다운	고정	업

슬로우 록 리듬은 셋잇단음표로 되어 있다. 한 박자를 둘로 나누면 8분음표, 셋으로 나누면 셋잇단음표가 된다. 한 박자를 셋으로 셀 때 첫 박과 셋째 박에서 연주하고 두 번째 박은 연주하지 않는다.

각각의 박자에서 2박이
연주되지 않는다.

🔵 리듬 익히기

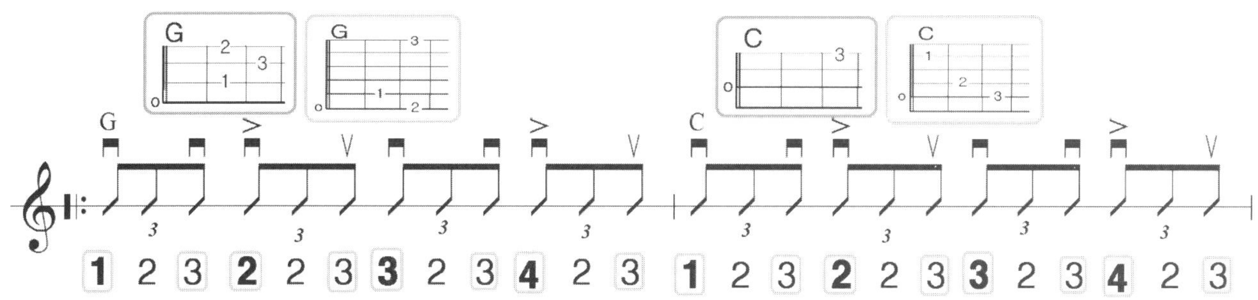

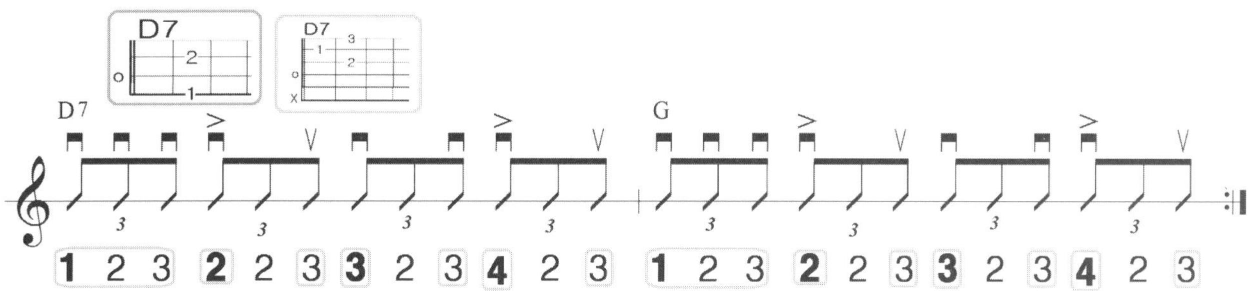

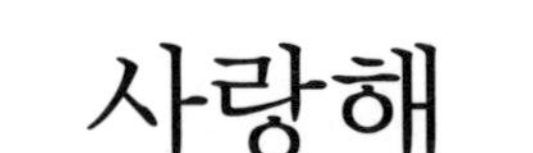

동영상 강의 27강

사랑해

주어진 슬로우 록 리듬을
한 마디에 한 번씩 연주한다.

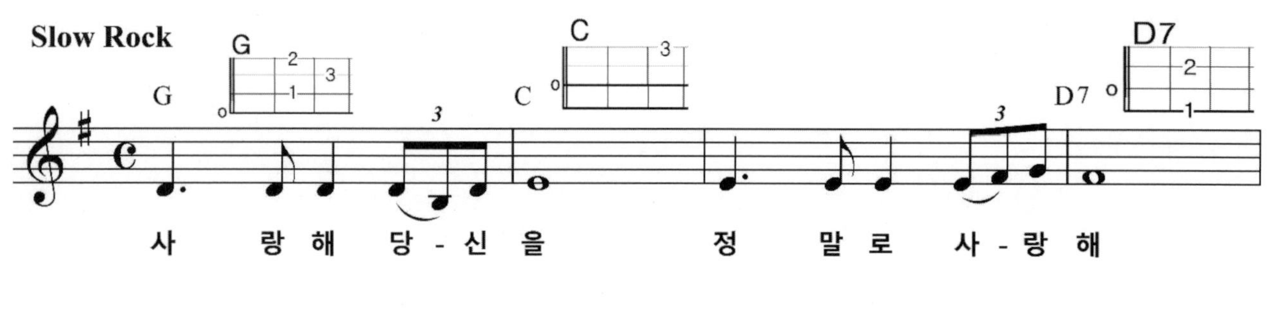

Slow Rock
G
C
D7
사 랑해 당 - 신 을 정 말 로 사 - 랑 해

G
C
D7
당 신 이 내 - 곁 을 떠 나 간 뒤 - 에

G
C
D7
G
얼 마 나 - 눈 물 - 을 흘 렸 는 지모 른 다 오

G
C
D7
예 예 예 예 예 예 예 예 예 예 예 예 예 예 예 에 에 예 예 예 에 예 예

G
C
D7
예 예 예 예 예 예 예 예 예 예 예 예 예 예 예 예 예 예 예

G
C
D7
G
사 랑 해 - 당 신 - 을 정 말 로 사 - 랑 해

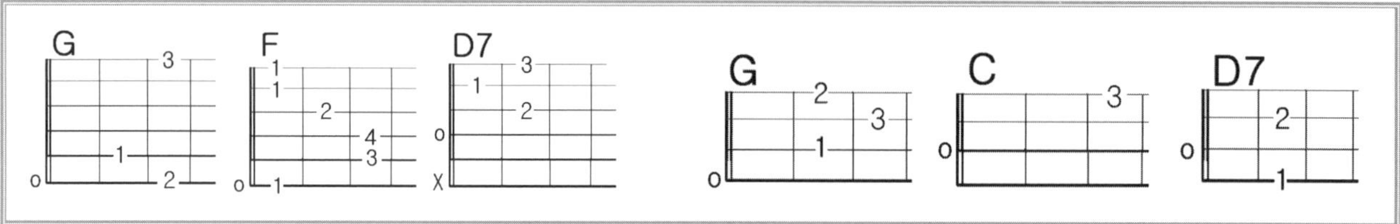

G
F
D7
G
C
D7

9. 칼립소 리듬

칼립소 리듬은 악센트를 잘 연주하여야 분위기가 살아 난다.

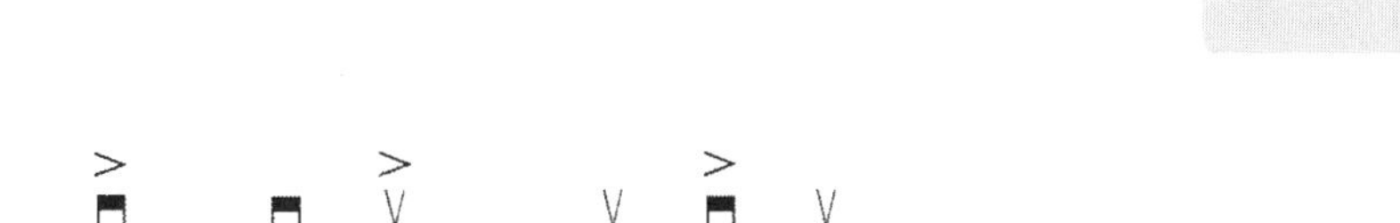

하	나	두	울	세	엣	네	엣
↓	⇧	↓	↑	⇩	↑	↓	↑
다운	빼고	다운	업	빼고	업	다운	업

🔵 코드 익히기

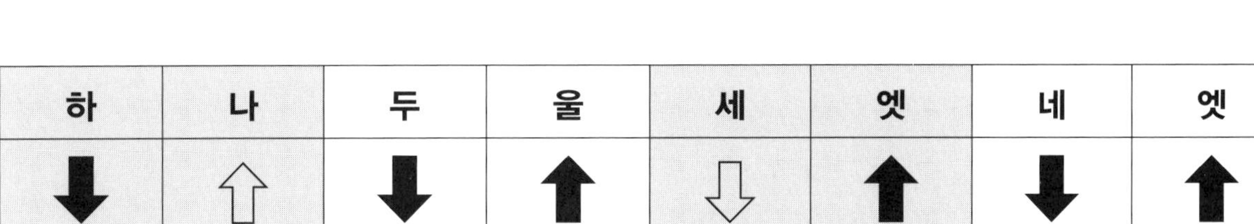

🔵 리듬 익히기

연습 1 A부분을 반복하는 리듬, 8분 쉼표 부분에서는 왼손가락을 4줄 위에 올려 울림을 막아준다.

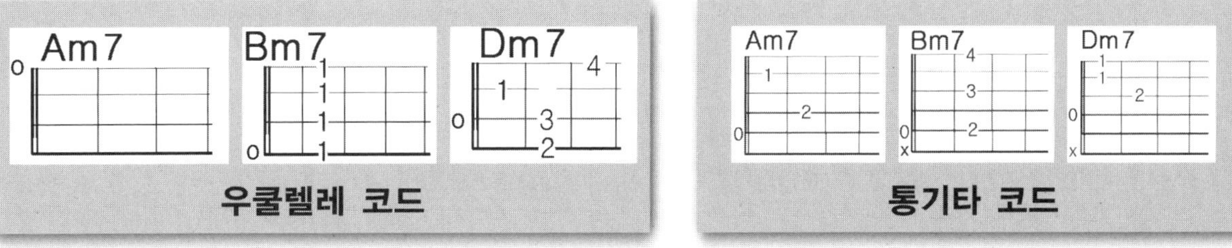

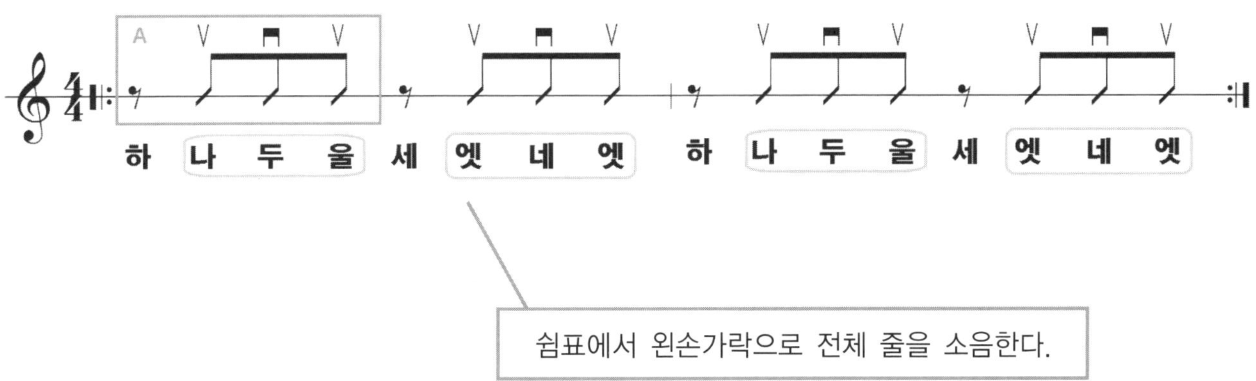

 첫 째 마디는 B부분을 반복하는 리듬이고, 두 번째 마디는 B부분과 A부분이 연결되어 연주된다.

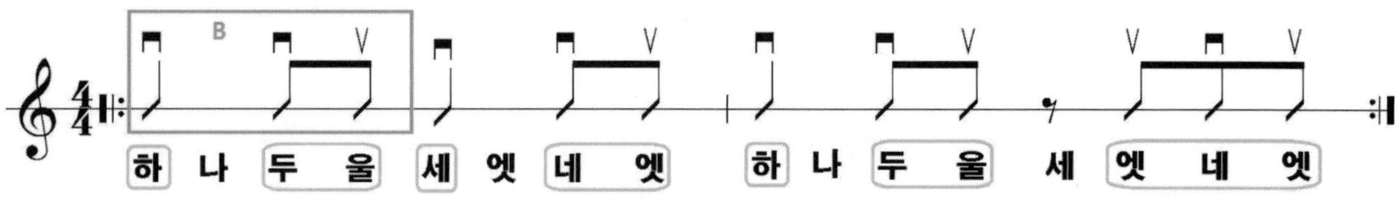

 첫 째 마디의 C부분이 다운 스트로크로 연주되지만, 두 번째 마디에서는 D부분에서 손가락만 아래쪽으로 움직이고(거짓 다운 스트로크) 줄은 치지 않는다.

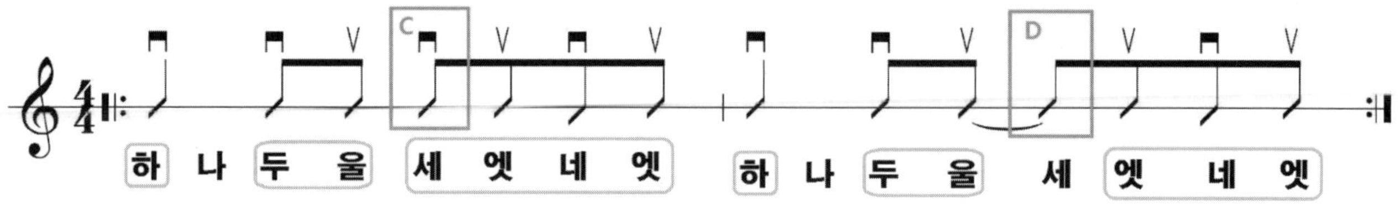

 코드와 함께 칼립소 리듬을 익힌다.

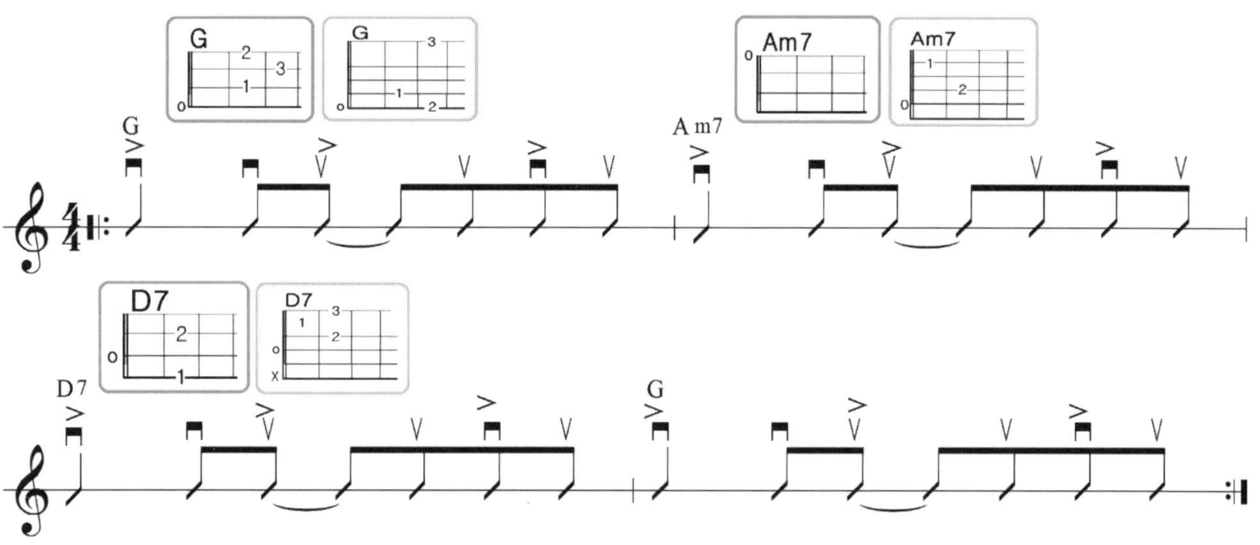

코드가 한 마디에 두 개 : 리듬을 반으로 나누어 연주한다.

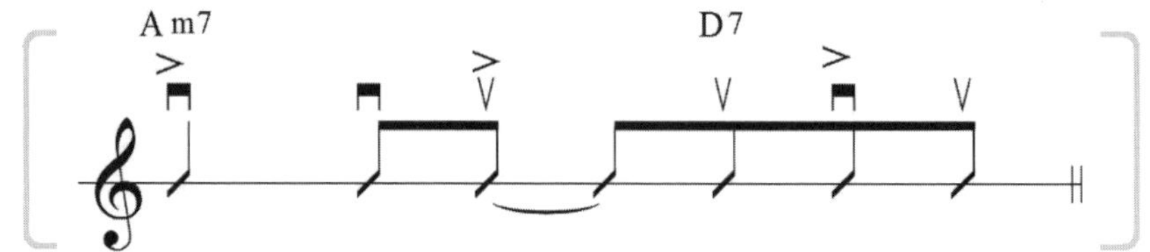

얼굴 찌푸리지 말아요

주어진 칼립소 리듬을 한 마디에 한 번씩 연주한다.

최창연 작사/작곡

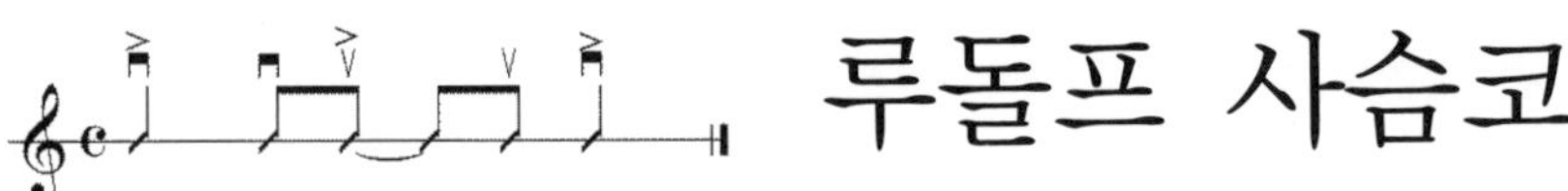

루돌프 사슴코

Calypso

C

루돌프사슴코는 매우반짝이는코
다른모든사슴들 놀려대며웃었네

만일내가봤다면 불붙는다했겠지
가엾은저루돌프

외톨이가되었네 안개낀성탄절날 -

산타말하길 루돌프코가붉으니

썰매를끌어주렴 - 그후론사슴들이 그를매우사랑했

네 루돌프사슴코는 길이길이기억되리

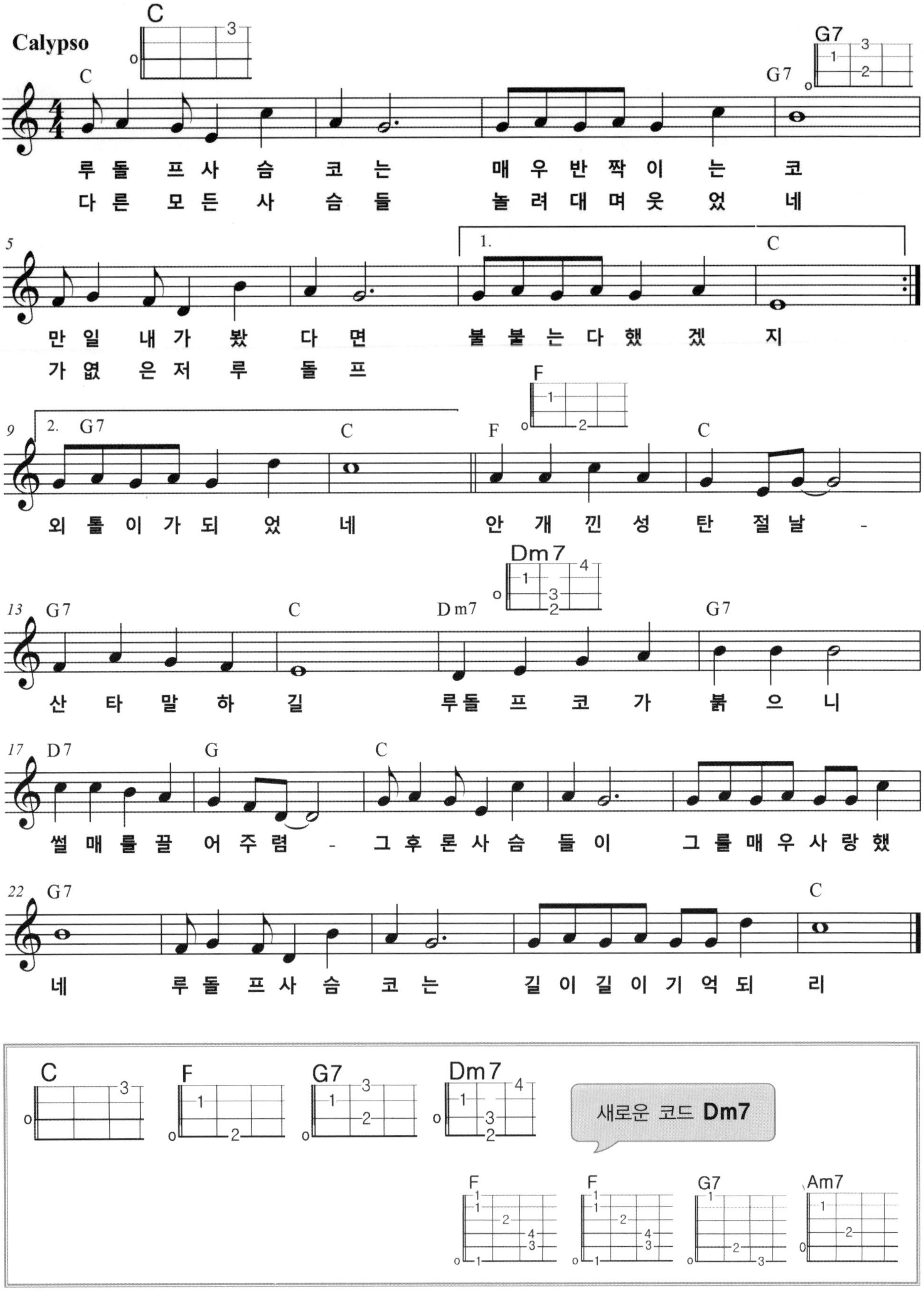

바운스 리듬

바운스 리듬은 8분음표처럼 일정하게 연주되는 것이 아니라 부점 박자처럼 절뚝거리며 통통 튀듯이 연주하는 리듬을 말한다.

악보상에는 부점박자로 표기되어 있지만 연주는 셋잇단음표로 연주한다.

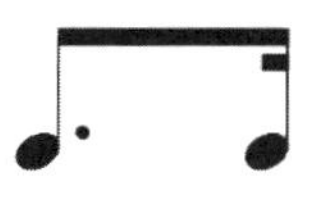

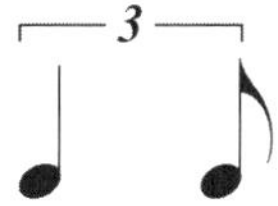

한 박 자(4분음표)		
↓	X	↑
하나	둘	셋
다운	고정	업

바운스 리듬은 셋잇단음표와 같이 4분음표를 셋으로 나누어 한 박자에 3박이 연주된다.

바운스 리듬의 연주방법은 1박에 다운을 연주하고, 2박에서는 손과 팔을 움직이지 않고 고정하고, 3박에 업 스트로크를 연주한다.

먼저 4비트 리듬을 가지고 연습해보자!

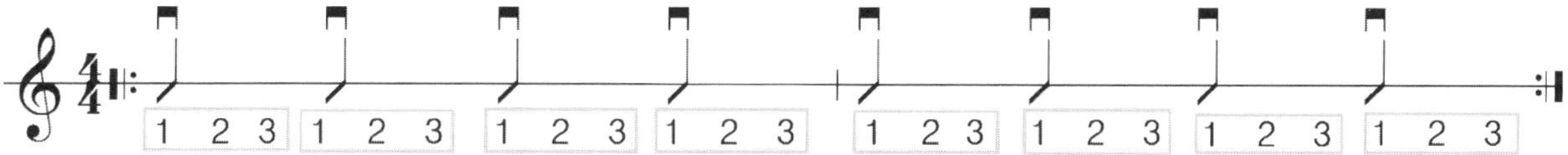

다음에는 각각의 4분음표를 바운스 리듬으로(♩.♪) 바꾸어 연주하면 셔플 리듬이 된다.

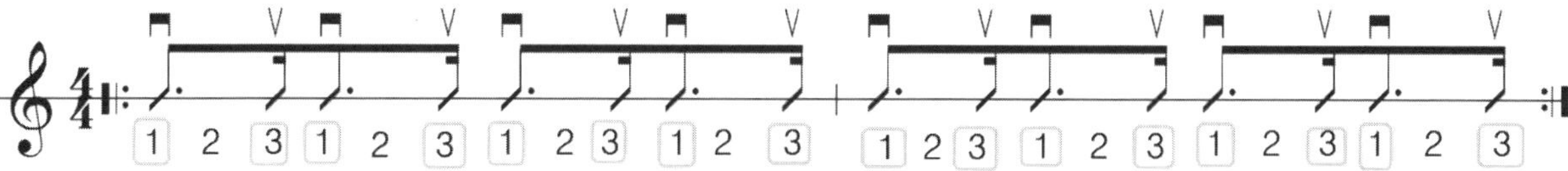

10. 셔플 리듬 1

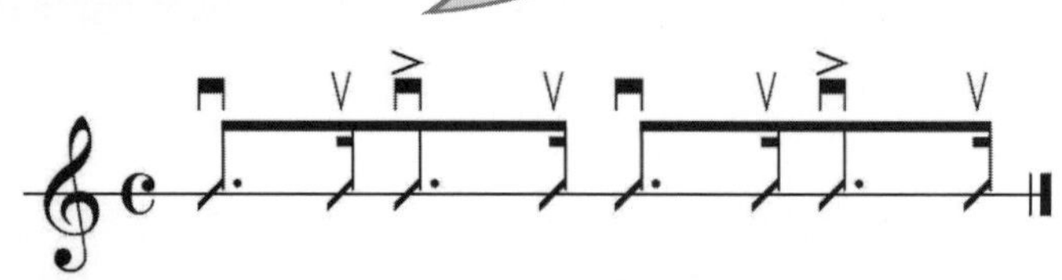

하나	둘	셋	둘	둘	셋	셋	둘	셋	넷	둘	셋
↓	X	↑	↓	X	↑	↓	X	↑	↓	X	↑
다운	고정	업	다운	고정	업	다운	고정	업	다운	고정	업

한 박자를 3박으로 나누어 박자를 센다. [하나 둘 셋] [둘 둘 셋] … x표 고정팔을 나타내는 기호로써 실행방법은
손을 움직이지 않고 고정한 채 "둘"하고 박자만 세어준다.

🔵 코드 익히기

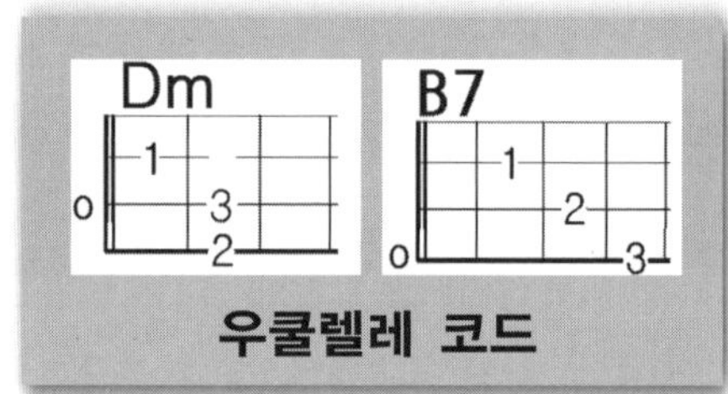

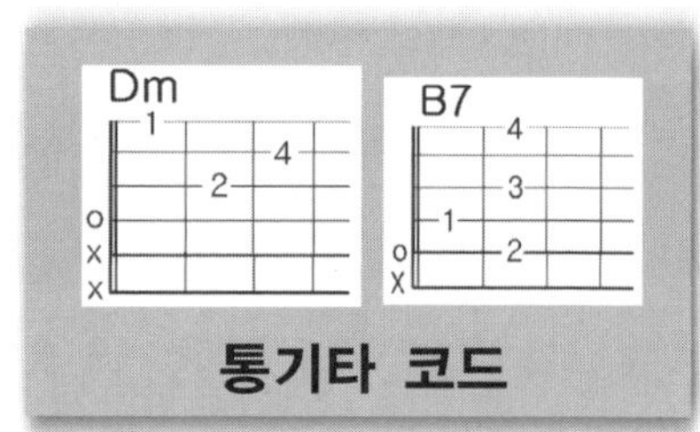

🔵 리듬 익히기

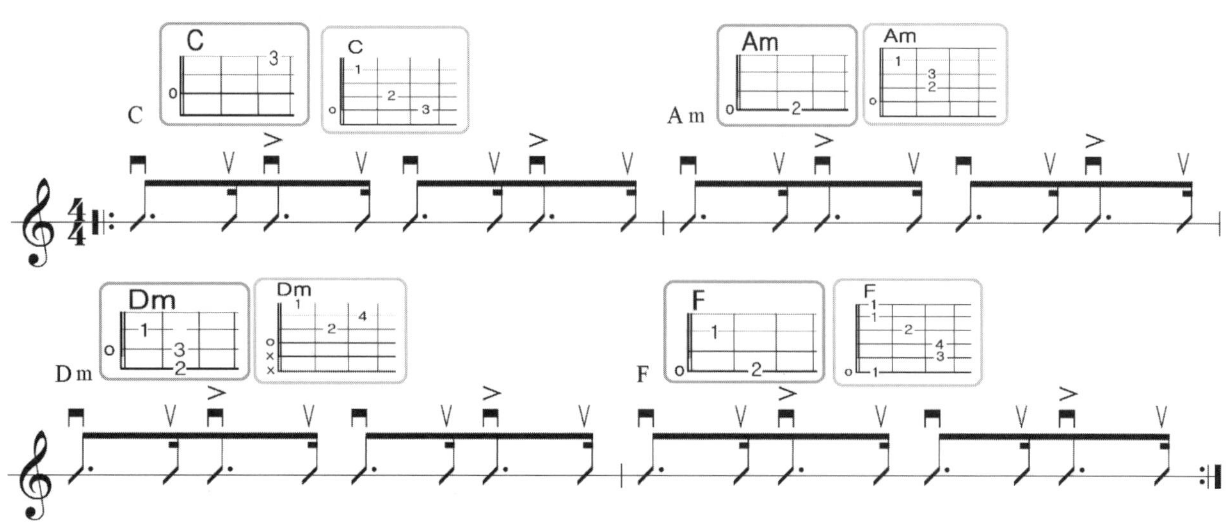

코드가 한 마디에 두 개씩 있는 경우 셔플 리듬을 둘로 나누어 반씩 연주한다.

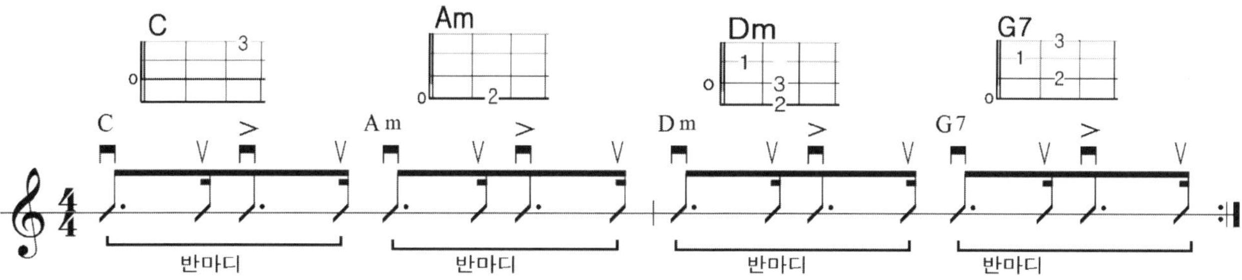

코드 전환법

* **Am코드에서 Dm코드로 바꿀 때** : 먼저 2번 손가락을 놓아 둔 채 1, 3번 손가락으로 각각 2번 줄 1프렛, 3번 줄 2프렛을 누른다.

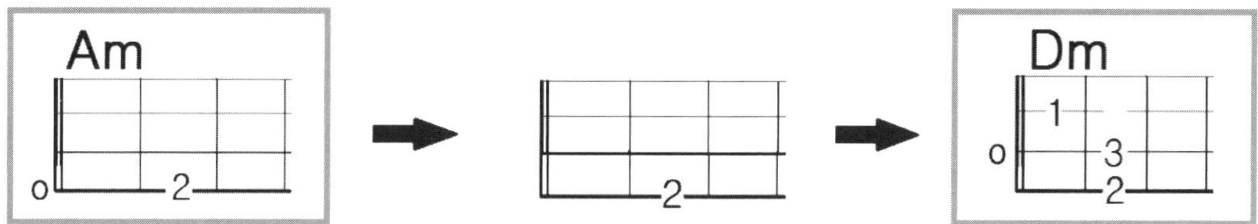

* **Dm코드에서 F코드로 바꿀 때** : 1, 2번 손가락을 놓아 둔 채 3번 손가락을 들어 올리면 된다.

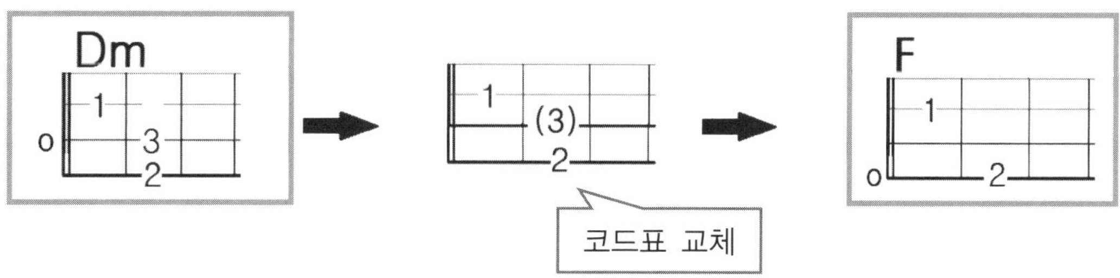

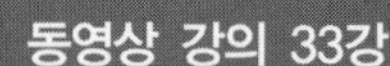

동영상 강의 33강

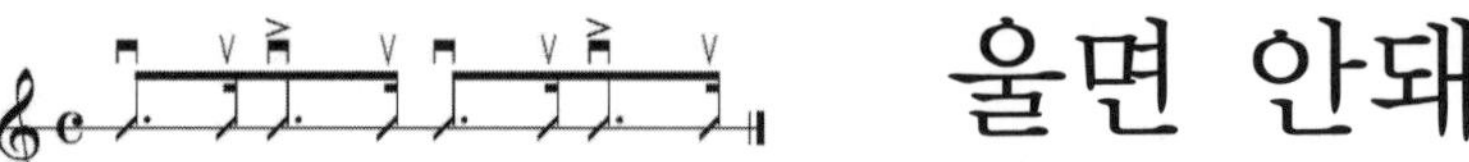

울면 안돼
주어진 셔플 리듬을 한 마디에 한 번씩 연주한다.

C
F
C
F
울면안돼
울면안돼
산타할아버지는
우는애들에겐

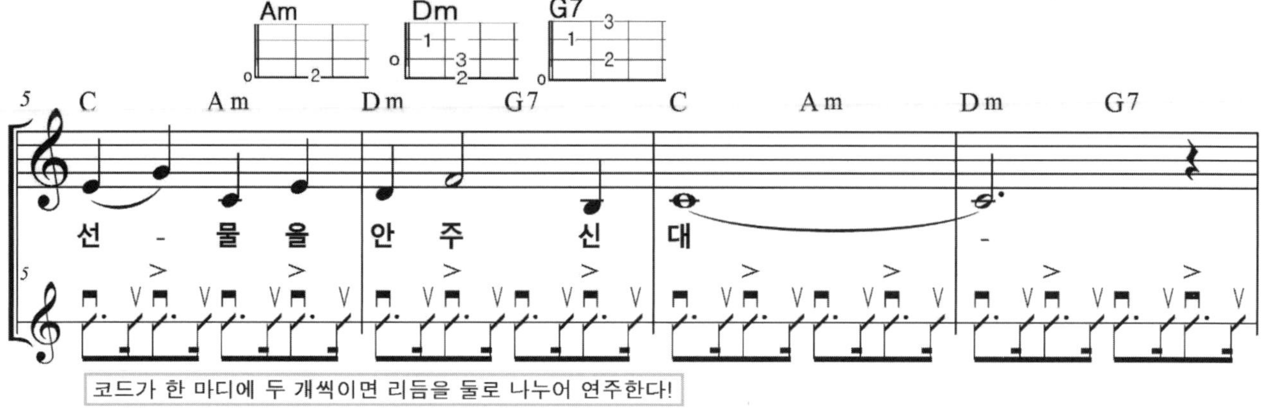

Am
Dm
G7
C
Am
Dm
G7
C
Am
Dm
G7
선 - 물을
안 주신
대
-
코드가 한 마디에 두 개씩이면 리듬을 둘로 나누어 연주한다!

C
F
C
F
산 타 할 아 버 지 는
알 고 계 신 대
누 가 착 한 앤 지
나 쁜 앤 지

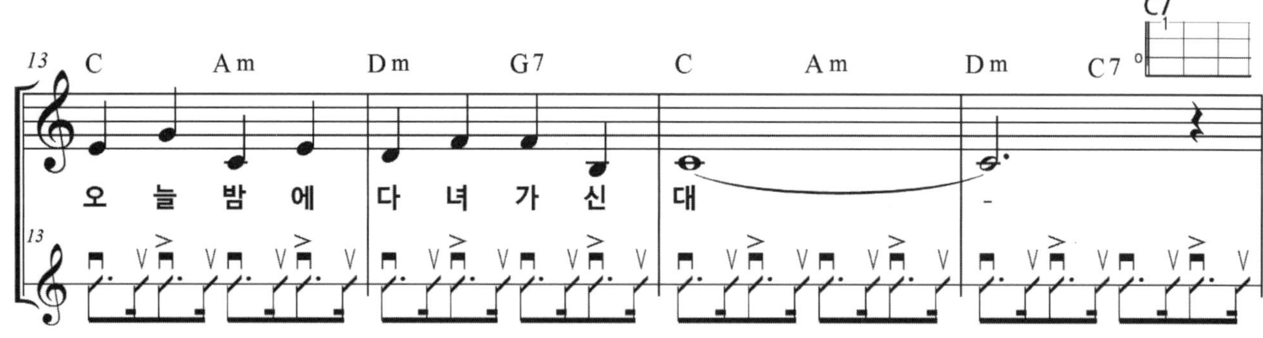

C
Am
Dm
G7
C
Am
Dm
C7
오 늘 밤 에
다 녀 가 신
대
-

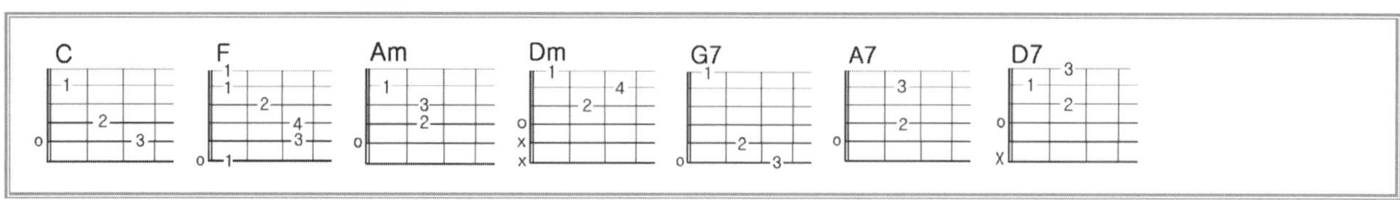

C
F
Am
Dm
G7
A7
D7

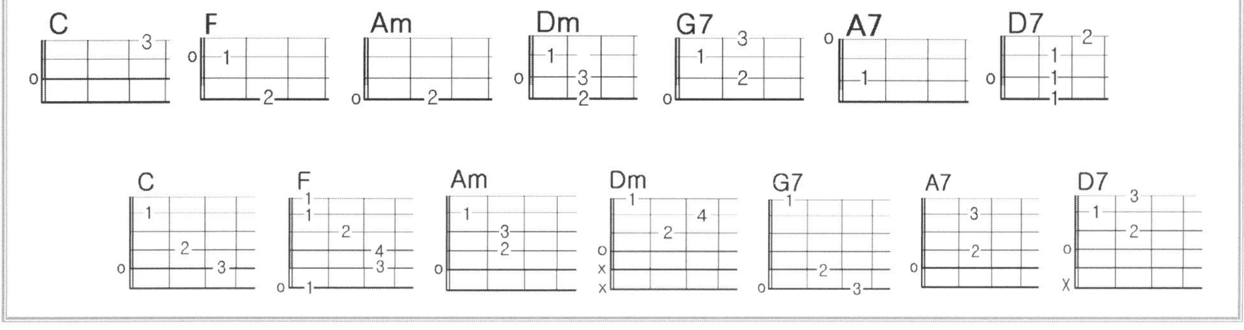

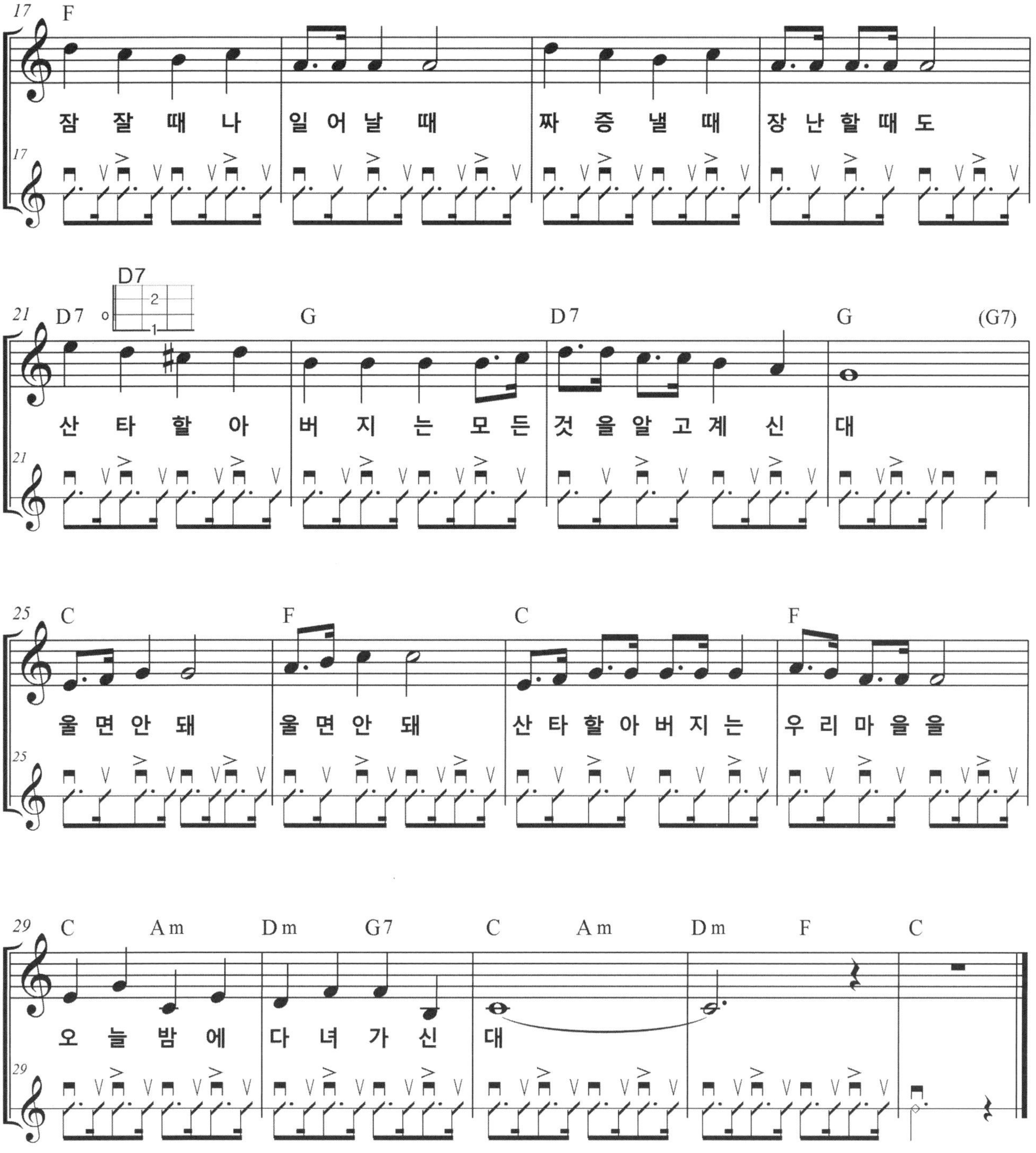
17 F
잠 잘 때 나 일 어 날 때 짜 증 낼 때 장 난 할 때 도
21 D7 G D7 G (G7)
D7
산 타 할 아 버 지 는 모 든 것 을 알 고 계 신 대
25 C F C F
울 면 안 돼 울 면 안 돼 산 타 할 아 버 지 는 우 리 마 을 을
29 C Am Dm G7 C Am Dm F C
오 늘 밤 에 다 녀 가 신 대

C
F
Am
Dm
G7
A7
D7
C
F
Am
Dm
G7
A7
D7

코드 전환법

공통 손가락은 놓아둔다.

공통되는 손가락은 놓아 둔 채 나머지 손가락을 이동하여 누른다.

F코드에서 G7코드로 전환할 때 1번 손가락은 공통 손가락임으로 놓아 둔 채 2, 3번 손가락으로 G7코드의 나머지 음을 누른다.

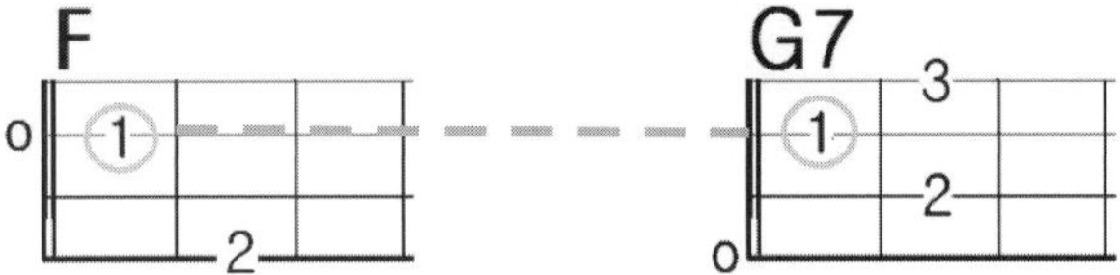

길잡이 손가락을 이용한다.

두 개의 코드에서 같은 줄 위를 누르는 공통 손가락은 줄 위로 이동하고 나머지 음들만 누른다.

C코드에서 G7코드로 전환할 때 3번 손가락을 길잡이 손가락으로 이용한다. 3번 손가락을 한 프렛 왼쪽으로 옮기고 난 뒤 G7코드의 나머지 음을 누른다.

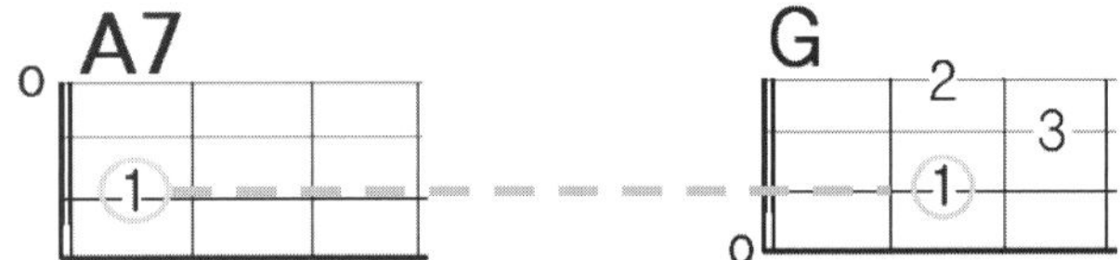

A7코드에서 G코드로 이동할 때 1번 손가락을 길잡이 손가락으로 이용한다.

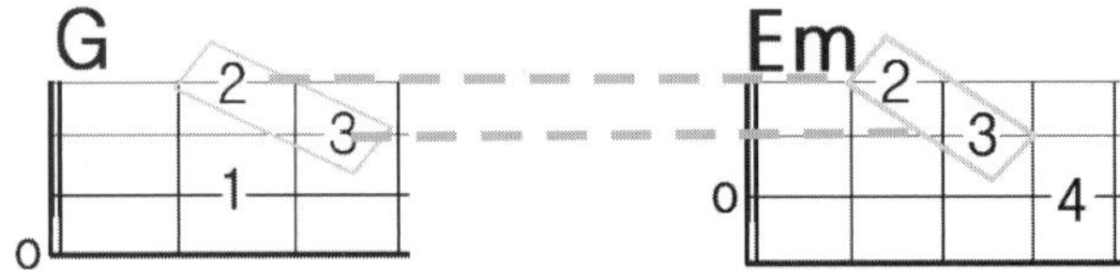

운지를 바꾼다

상황에 따라 편리한 손가락으로 바꾸어 코드를 누른다.

G코드에서 Em코드로 전환할 때 Em코드를 2, 3, 4번 손가락으로 누르게 되면 2, 3번 손가락이 공통 손가락이 되어 코드전환이 훨씬 쉬워진다.

11. 셔플 리듬 2

셔플1 리듬에서 첫 번째 박자의 업 스트로크가 빠진 형태이다.
빠진 업 스트로크 길이만큼 첫 번째 박자의 다운 스트로크를 길게 연주해 준다. x표에서는 "둘"하고 세어주고
손은 움직이지 않고 "쉬어"준다. 1박의 업 스트로크는 거짓 피킹이다.

하나	둘	셋	둘	둘	셋	셋	둘	셋	넷	둘	셋
↓	X	⇧	↓	X	↑	↓	X	↑	↓	X	↑
다운	고정	빼고	다운	고정	업	다운	고정	업	다운	고정	

🎵 리듬 익히기

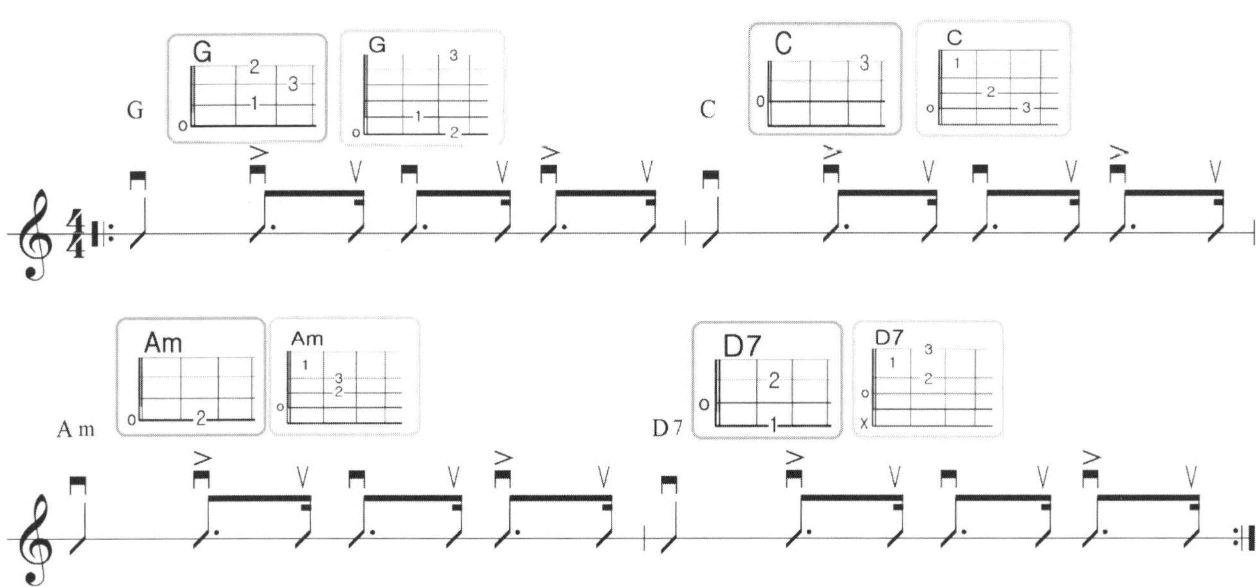

연가

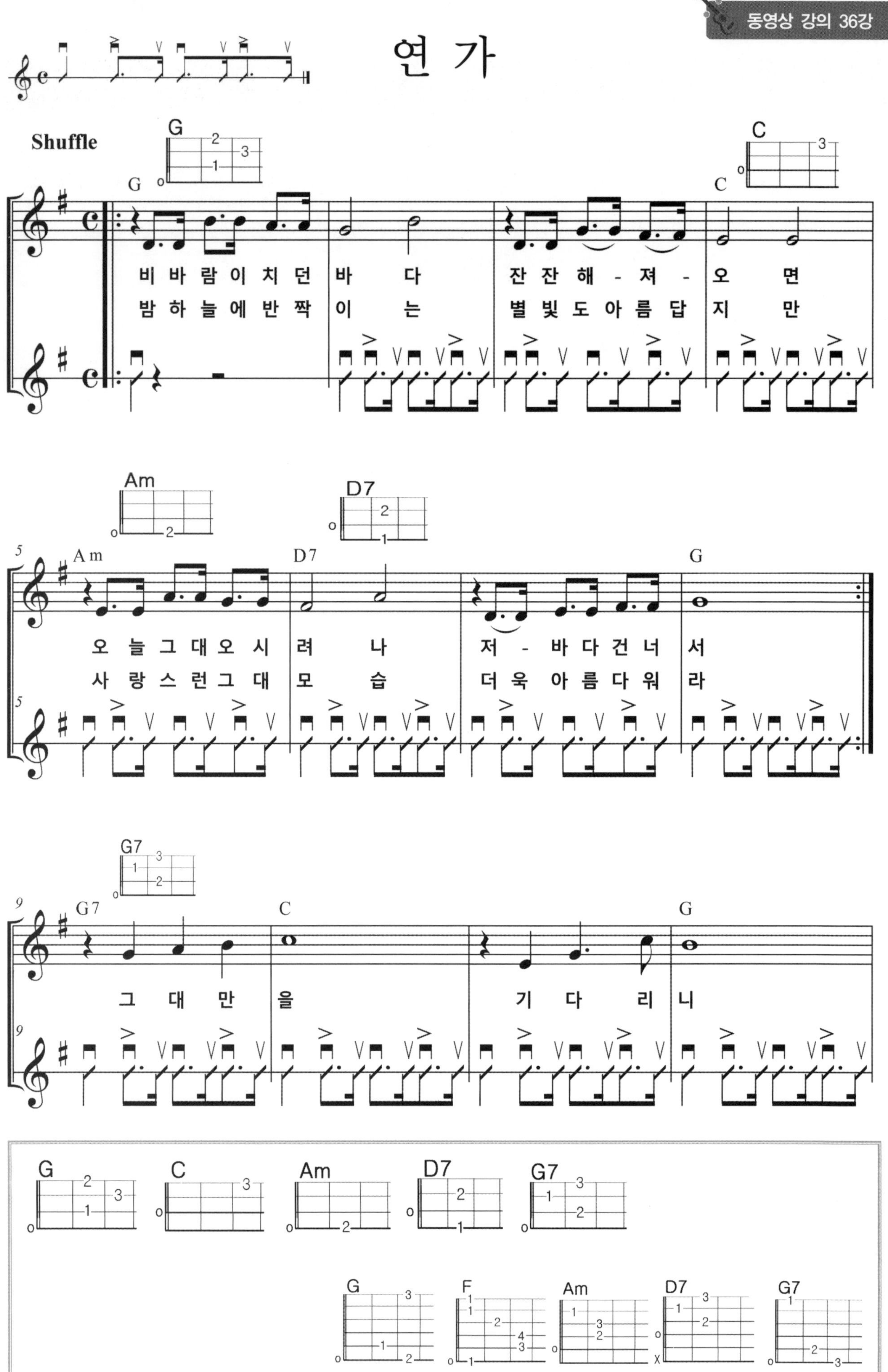
Shuffle
G
C
비바람이치던 바 다
밤하늘에반짝이 는
잔잔해-져- 오 면
별빛도아름답 지 만
Am
D7
G
오늘그대오시 려 나
사랑스런그대 모 습
저-바다건너 서
더욱아름다워 라
G7
C
G
그 대 만 을
기 다 리 니
G   C   Am   D7   G7
G   F   Am   D7   G7

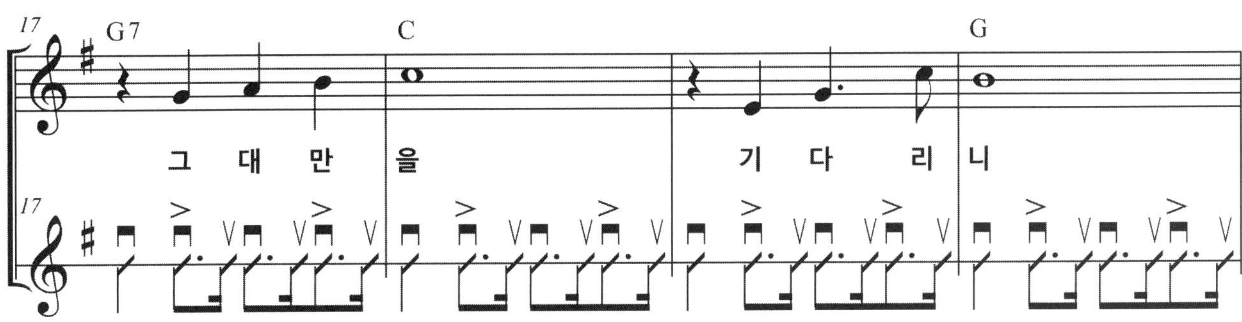

> 마지막 마디를 연주한 뒤에 G코드를 잡은 채 다시
> 한 번 다운 스트로크를 연주하고 곡을 마친다.

• D7코드는 다음과 같이 바레를 이용하여 눌러보자! 2번 손가락으로 1번 줄 3프렛을 누르고 1번 손가락으로 2,

3, 4번 줄의 2프렛을 동시에 누른다. 이렇게 한 손가락으로 여러 줄을 동시에 누르는 것을 "바레"라고 한다.

커팅(Cutting)

커팅은 연주된 음을 짧게 끊어 치는 기법으로 울리고 있는 줄을 오른손 엄지나 새끼손가락 쪽의 손바닥으로 살짝 눌러서 음을 멈추게 하거나 퍼거시브한(타악기적인) 느낌을 주는 주법이다.

1) **오른손의 엄지부분**으로 커팅하면 울리는 음이 끊어지는 효과를 연주할 수 있다.(커팅)
   A. 준비자세 : i손가락을 4번 줄 위에 올린다.
   B. 다운 스트로크 : i손가락으로 다운 스트로크하고 엄지는 펴서 손톱 부분이 1번 줄 아래쪽에 오도록 위치시킨다.
   C. 커팅 : 커팅 후 곧 바로 **엄지의 손바닥 부분**을 네 줄 위에 올려 음을 소음한다.
   D. 업 스트로크 : 커팅한 상태에서 그대로 **엄지**로 업 스트로크 한다.

2) **새끼손가락 부분**으로 커팅을 하게 되면 음이 울리지 않고 줄을 치는 것과 동시에 손바닥을 줄에 대기 때문에 울림이 없이 '짝'하는 퍼커시브한 소리가 나게 된다.(뮤팅)
   A. 준비자세 : i손가락을 4번 줄 위에 올린다
   B. 다운 스트로크 : i손가락으로 다운 스트로크 한다.
   C. 커팅 : 커팅 후 곧 바로 **손바닥의 모서리 부분(수도)**을 네 줄 위에 올려 음을 소음한다.
   D. 업 스트로크 : 커팅한 상태에서 그대로 **검지**로 업 스트로크 한다.

1단계에서 4단계로 갈수록 커팅되는 음을 점점 짧게 연습하고 실제 커팅은 아주 짧게 음을 끊어서 연주한다.
박자를 셀 때에는 4분음표를 넷으로 나누어 "하나 – 둘 – 셋 – 넷"하고 16분음표를 단위박으로 세면서 연습한다.

▌ 커팅연습 1단계

먼저 4분음표 길이는 소리를 내고 4분쉼표 길이로 커팅하여 소음한다. 둘째와 넷째 박자의 1박에서 소음하여 커팅한다. 엄지커팅과 손바닥 모서리 커팅을 모두 연습해 본다.

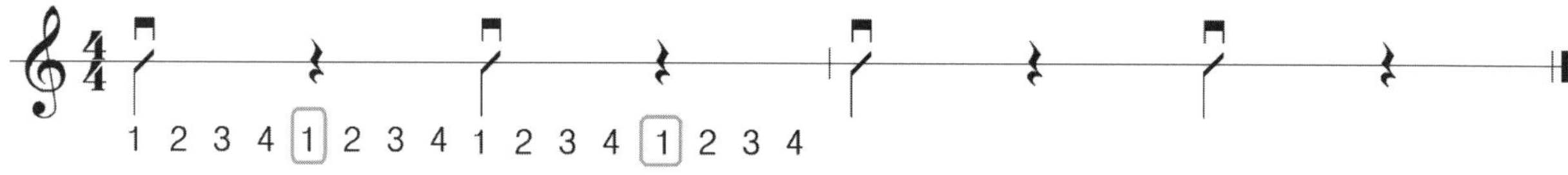

▌ 커팅연습 2단계

다음에는 8분음표 길이로 연주하고 나머지는 8분 쉼표 길이만큼 소음한다. 각 박자의 3박에서 소음하여 커팅한다. 엄지커팅과 손바닥 모서리 커팅을 모두 연습해 본다.

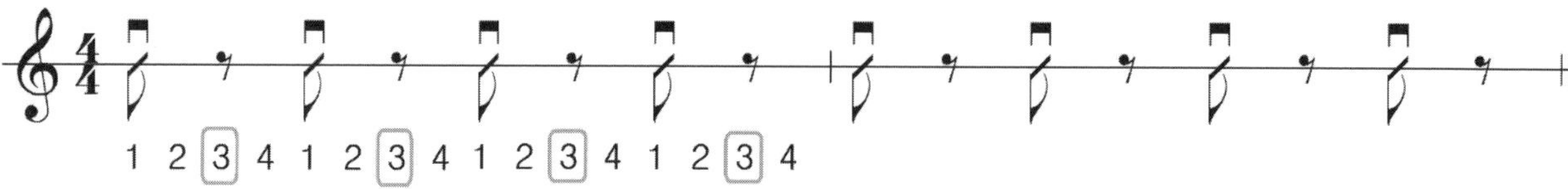

▌ 커팅연습 3단계

다음에는 16분음표 길이로 짧게 연주하고 바로 소음한다. 각 박의 2박에서 소음하여 커팅한다. 엄지커팅과 손바닥 모서리 커팅을 모두 연습해 본다.

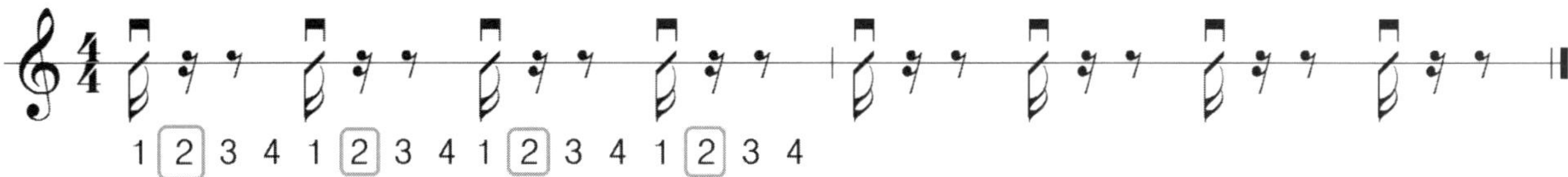

▌ 커팅연습 4단계

다운 스트로크를 하자마자 바로 커팅하여 소리를 최대한 짧게 끊는다. 각 박의 1박을 연주하자마자 소음하여 커팅한다. 엄지커팅과 손바닥 모서리 커팅을 모두 연습해 본다.

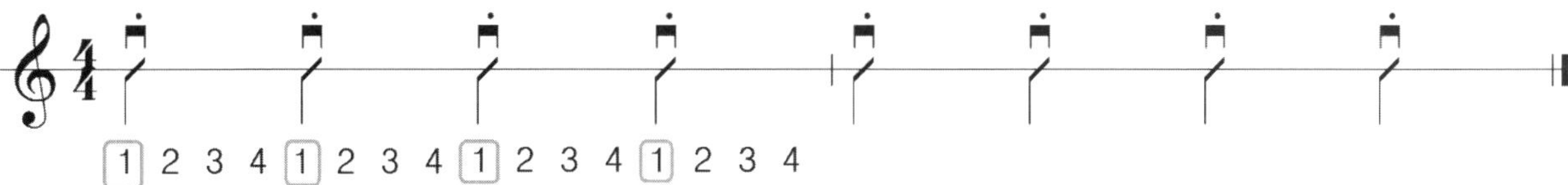

▌ 커팅연습 5단계

고고리듬을 연주하면서 커팅을 연습한다. 엄지커팅과 손바닥 모서리 커팅을 모두 연습해 본다.

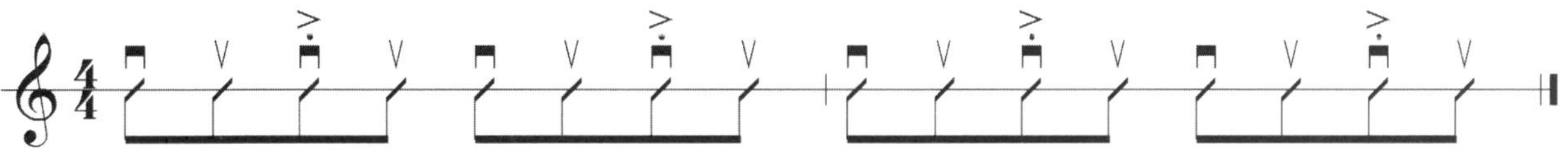

12. 고고 리듬

고고는 4/4박자의 빠른 노래를 반주하는 리듬으로 2, 4박에 악센트와 함께 커팅과 뮤팅을 사용하여 연주하기도 한다. 다운과 업을 고르게 네 번 스트로크하면 된다. 이때 두 번째와 네 번째 다운 스트로크는 커팅하면서 연주한다!

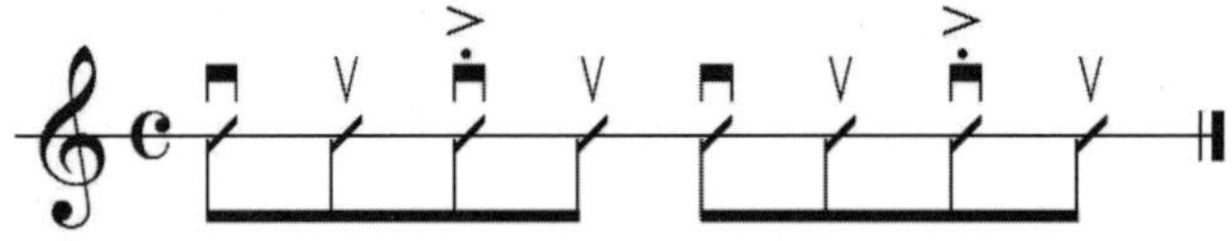

하	나	두	울	세	엣	네	엣
↓	↑	↓	↑	↓	↑	↓	↑
다운	업	다운	업	다운	업	다운	업

▌ 리듬 익히기

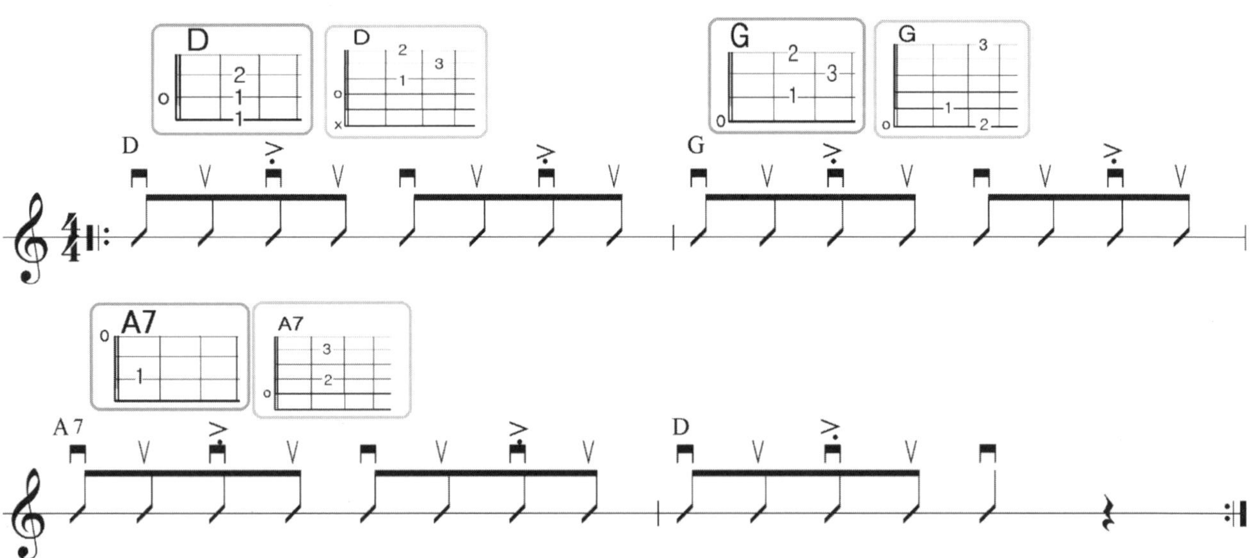

코끼리 아저씨

〈손가락의 수도 부분〉으로
연습해 보자!
변규만 작사/작곡
Go Go
G
C
G
D7
화 창 한 봄 날 에   코 끼 리 아 저 씨 가
가 랑 잎 타 고 서   태 평 양 건 너 갈 적 에
고 래 아 가 씨   코 끼 리 아 저 씨 보 고
첫 눈 에 반 해   쓰 리 살 짝 윙 크 했 데 요
G   C   D7   Bm   C   D7

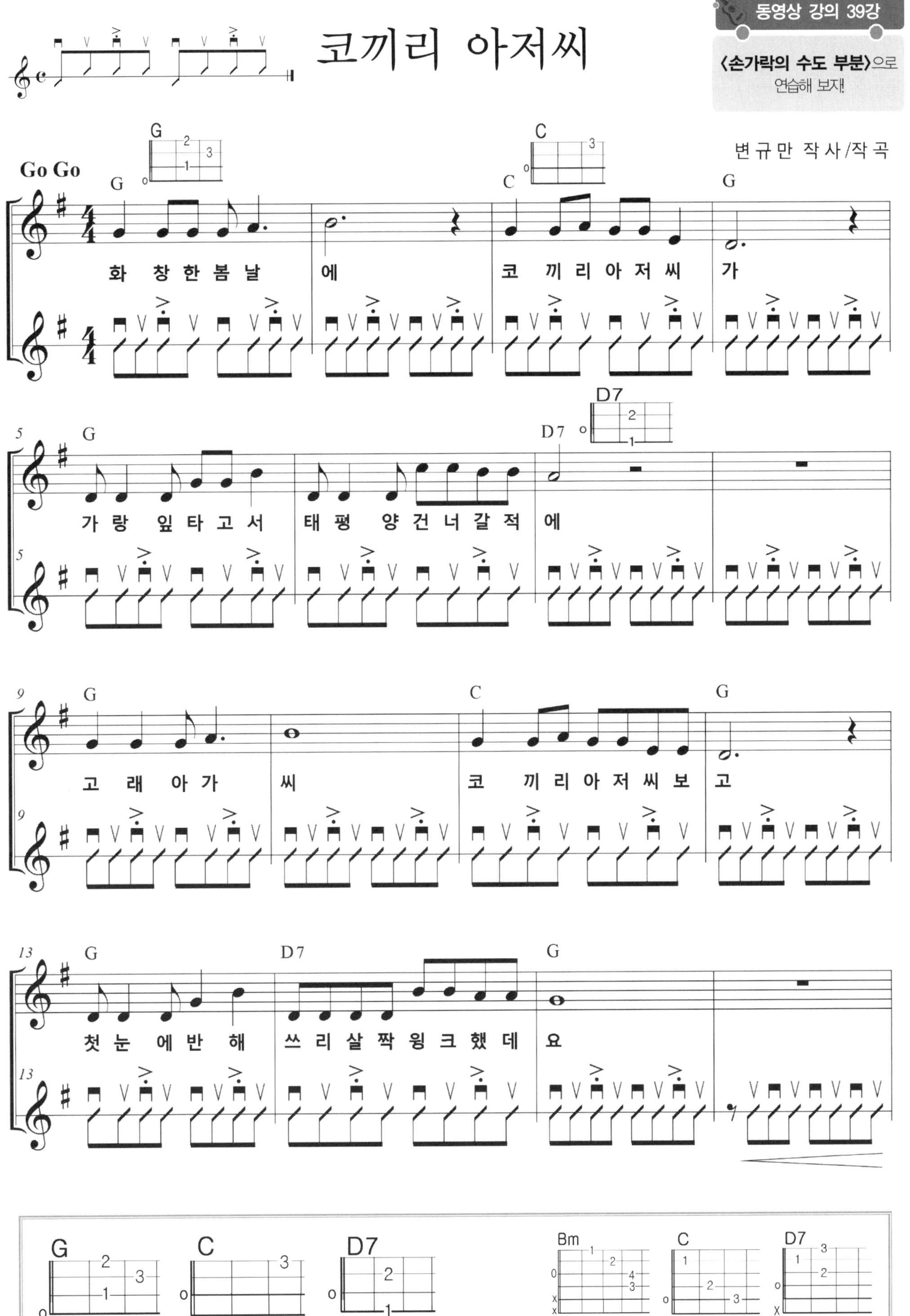

당 신은육 지 멋쟁 이
나 는 바 다 이쁜 이
천 생 연 분 결 혼 합 시 다 (어 머 어 머 어 머)
예 식 장 은 용 궁 예 식 장
주 례 는 문 어 박 사
피 아 노 는 오 징 어
예 물 은 조 개 껍 데 기

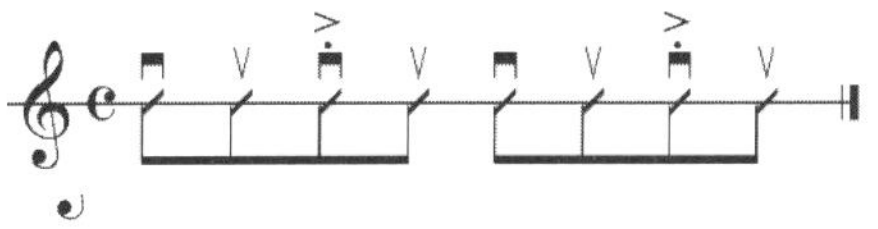

아기염소

동영상 강의 40강

엄지 손가락으로
연습해 보자.

이해별 작사/이순형 작곡

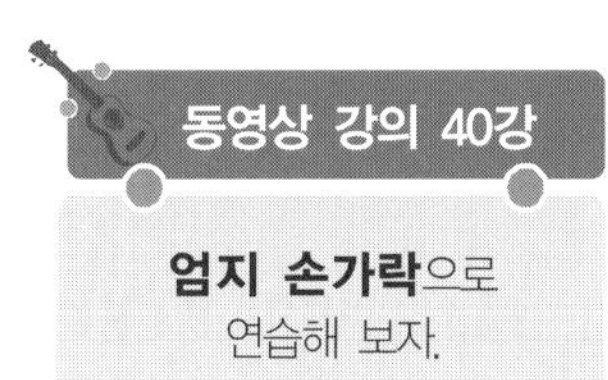

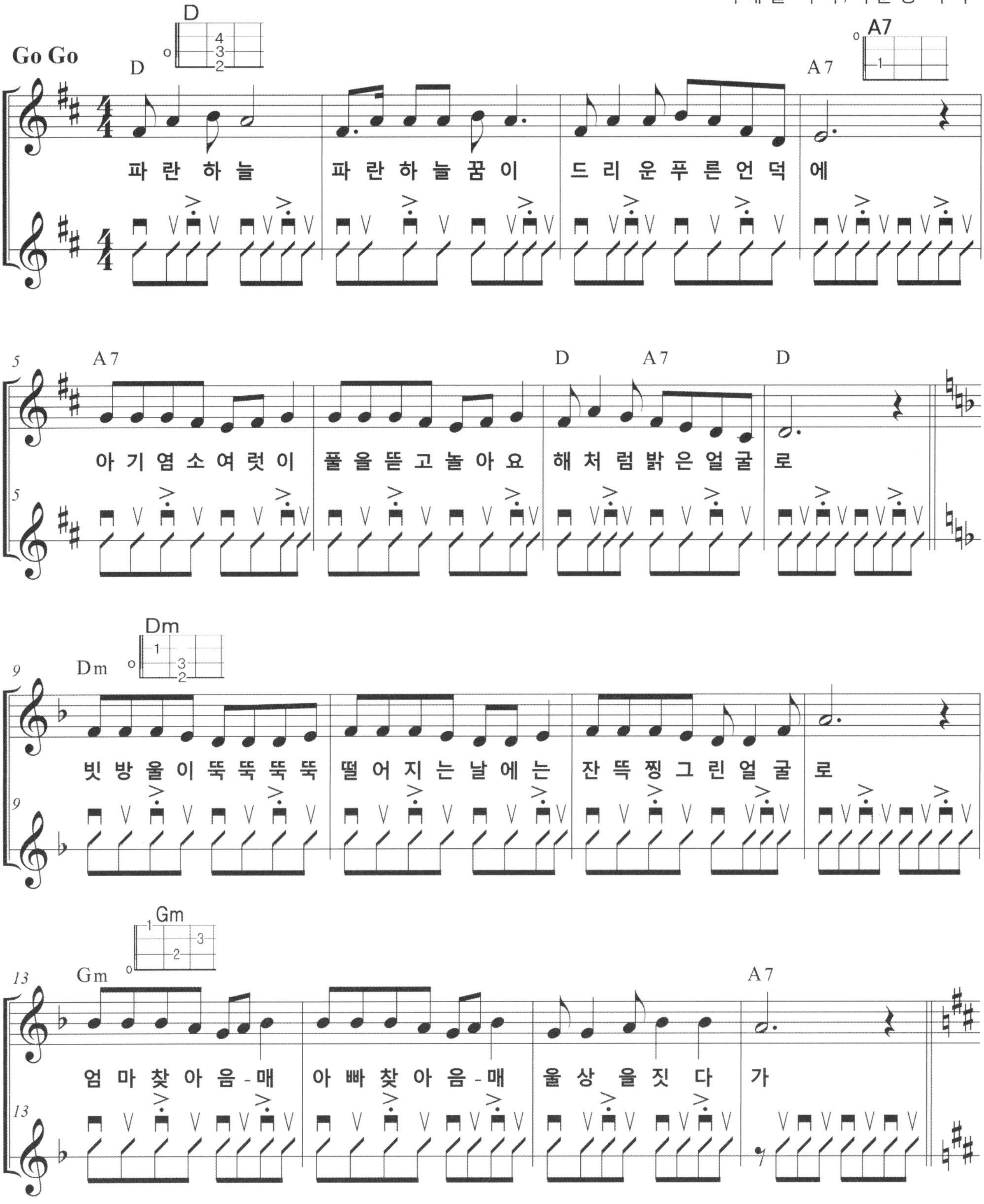

🔵 코드 익히기

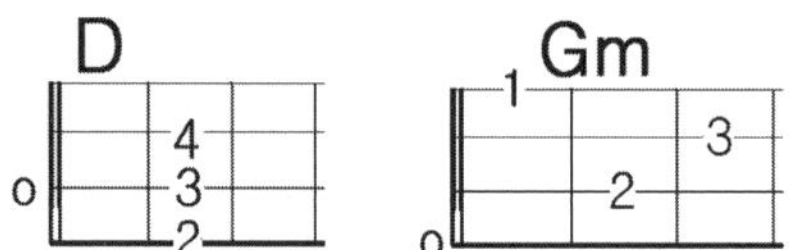

- **D코드를 다르게 누르는 방법 :** D코드를 2, 3, 4번 손가락으로 누르는 방법이 있다. 손가락이 굵어 잡기가 어려우면 이미 배운 데로 1, 2번 손가락으로 눌러도 된다.

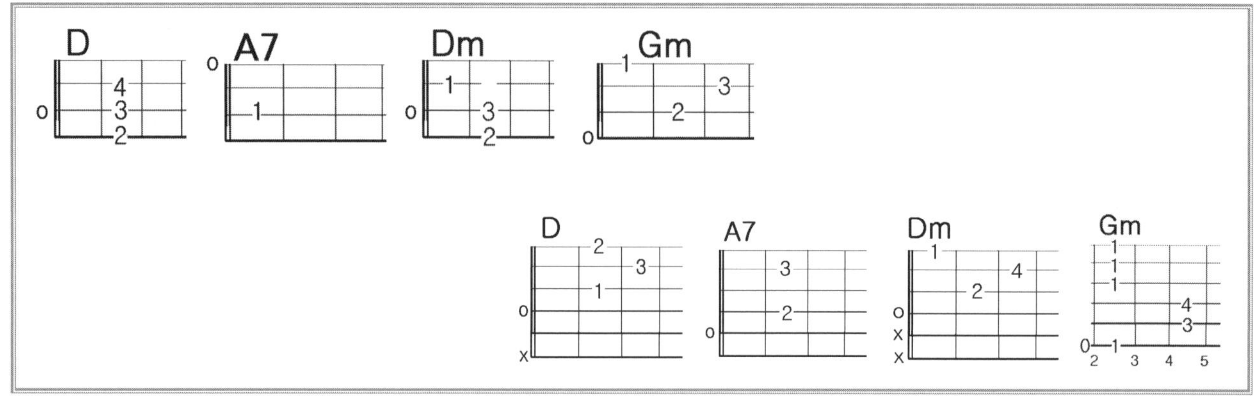

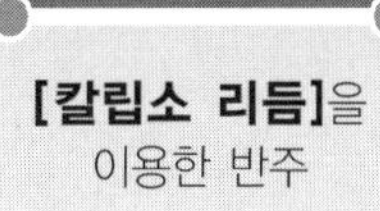

실전 반주곡

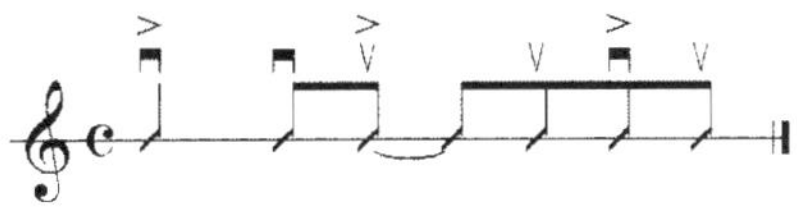

여행을 떠나요

빌 딩숲 속을 벗 어나 봐요
하 늘을 보며 노 래부 르세
메 아 리 소 리 가 들 려 오 는 계 - 곡 속 에 흐 르 는 물 찾 아 -
그 곳 으 로 여 행 을 떠 나 요
메 아 리 소 리 가 들 려 오 는 계 - 곡 속 에 흐 른 는 물 찾 아 -
그 곳 으 로 여 행 을 떠 나 요

여 행 을 떠 나 요 즐 거 운 마 음 으 로
모 두 함 께 떠 나 요 아
메 아 리 소 리 가 들 려 오 는 계 곡 속 에 흐 르 는 물 찾 아
그 곳 으 로 여 행 을 떠 나 요
여 행 을 떠 나 요
G
C
G
D7
1, 2.
G
3.
D7
G
G
F
D7

마법의 성

동영상 강의 42강
[슬로우 고고 리듬]을
이용한 반주

Slow Go Go
김광진 작사/작곡

믿을 수 있나요 - 나의 꿈 - 속에서 - 너는
나 언제나 - 굳은 다 짐 뿐이죠 - 다시

마법에 빠진 공주란 걸 언제 나 너를 향기
너를 구하고 말거라 고 두 손 을 모 아 기

1. 한 몸짓엔 - 수많은 어려움 - 뿐이지 만 - 그러

2. 도 했죠 끝없는 용기와 - 지헬 달라고 - 마법의 -

- 성을 지나 - 늪을 건 너 어둠의 동굴속 멀리 그 대

Am7 D7 Cm G Bm7
가 보여 이제 나 이 손을 잡아보-아 요 우리
Em Am D C
의 몸이 떠 오르는-것을 느끼죠 자유롭게- 저하늘-
Bm7 Em Am7 D7 G
-을 날아가도 놀라지말아요 우리앞
C Bm7 Em7 Am7
에- 펼쳐질 세상이 너무나 소중해-함께 라
G Bm7 Em7 Am7
면 마법의 세상이 - 너무나 소중해 - 함께
D.S. al Coda
D7 G Am G
있 다 면
G F Bm7 Em D7 Bm Em7 Am7 Cm

실전 반주곡

동영상 강의 43강
[고고 리듬]을
이용한 반주

아름다운 세상

C
F
G7
Em
Am
E
Dm

라라 - 라라 - 라라 - 라라 - 라라 - 라라 - 라라 - 라라 -

- 라라 - 라 - 라 라라라라 - 라라 - 라라 - 라라 - - - -

- 문득 외롭다 느 - 낄 - 때 - - - - 하늘을 봐 - 요 -
- 혼자서 이룰 수 - 없 죠 - - - - 세상 무엇 - 도 -

- 같은 태양 아래 - 있 어 요 우린 - 하나 에 - 요 - -
- 마주 잡은 두손 - 으로 사랑 - 을 키 - 워 - 요 - -

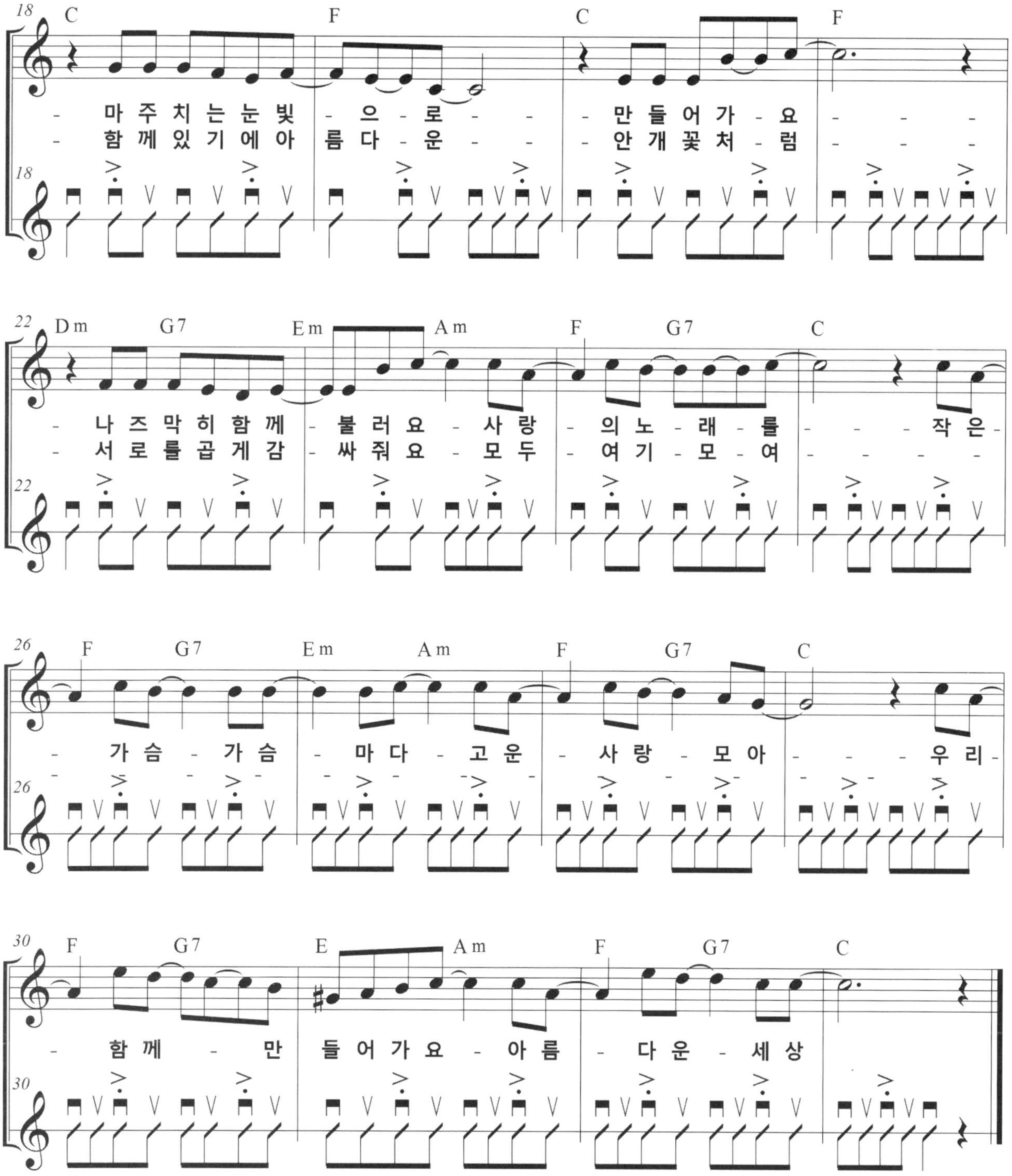

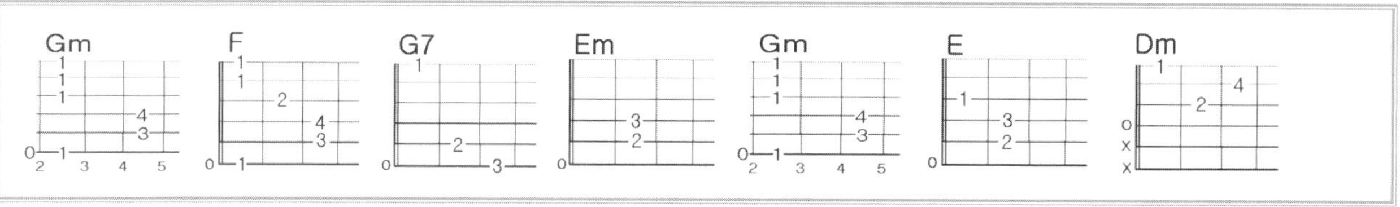

C F C F
- 마 주 치 는 눈 빛 - 으 - 로 - - - 만 들 어 가 - 요 - - -
- 함 께 있 기 에 아 름 다 - 운 - - - 안 개 꽃 처 - 럼 - - -
Dm G7 Em Am F G7 C
- 나 즈 막 히 함 께 - 불 러 요 - 사 랑 - 의 노 - 래 - 를 - - - 작 은 -
- 서 로 를 곱 게 감 - 싸 줘 요 - 모 두 - 여 기 - 모 - 여 - - - -
F G7 Em Am F G7 C
- 가 슴 - 가 슴 - 마 다 - 고 운 - 사 랑 - 모 아 - - - 우 리 -
F G7 E Am F G7 C
- 함 께 - 만 들 어 가 요 - 아 름 - 다 운 - 세 상

Gm
F
G7
Em
Gm
E
Dm

동영상 강의 44강
[고고 리듬]을
이용한 반주

실전 반주곡

내 나이가 어때서

A   E7   F#m   Bm7
D

A   E7   F#m   Bm7   E7   A
야   야   야   내나이가어때서   사랑에

F#m   E7   A   E7   A
나이가있나요   마음은하나

D   F#m
요   느낌도하나요---그대만이정말-

D   E7   A
내사랑인데--------눈물이나네

F#m   Bm7   E7   A
요   내나이가어때서   사랑하기

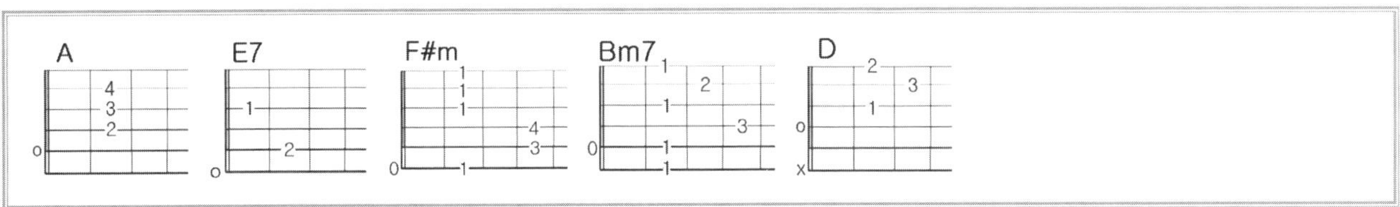

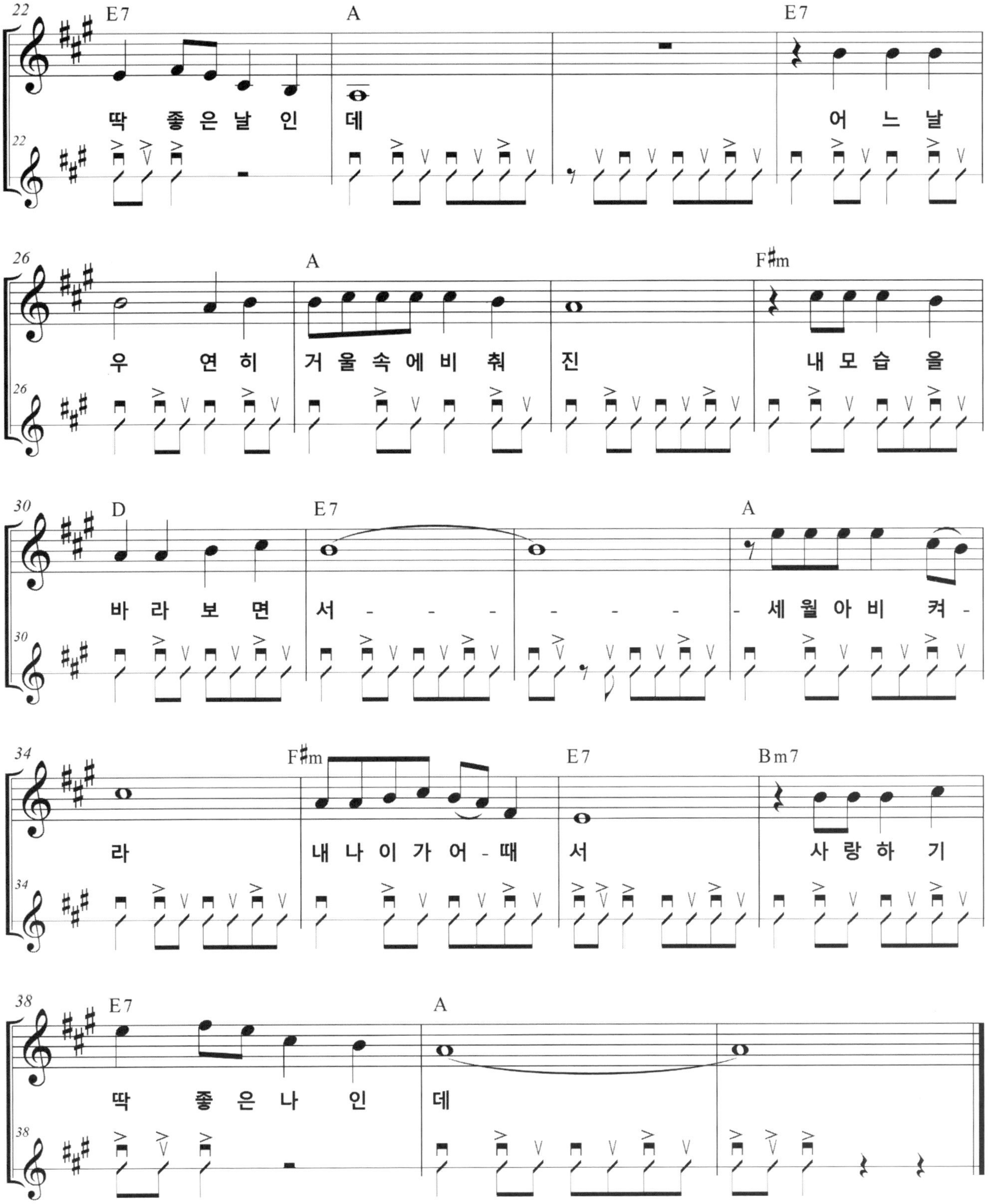
22
E7
A
E7
딱 좋은날 인
데
어 느 날
26
A
F#m
우 연 히
거 울 속 에 비 춰
진
내 모 습 을
30
D
E7
A
바 라 보 면
서 - - -
- - -
- 세 월 아 비 켜 -
34
F#m
E7
Bm7
라
내 나 이 가 어 - 때
서
사 랑 하 기
38
E7
A
딱 좋은 나 인
데

A
E7
F#m
Bm7
D

You are my sunshine

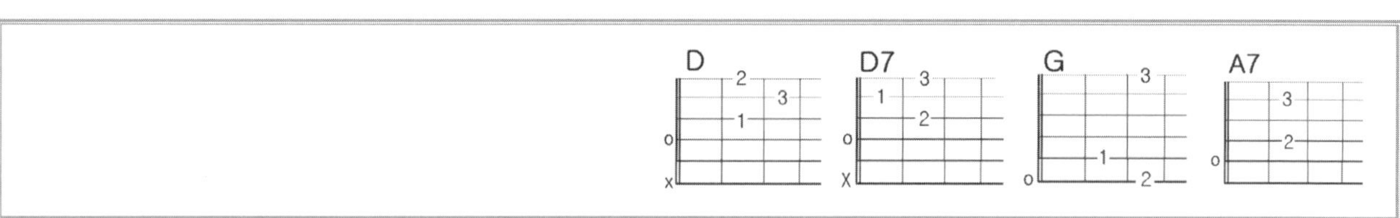

PART 3

우쿨렐레 연주법

1. 1포지션 음계 익히기
2. 2포지션 음계 익히기
3. 7포지션 음계 익히기

우쿨렐레 지판 위의 음정

우쿨렐레의 한 프렛은 반음 간격으로 이루어져 있다. 음계에서는 "미-파"와 "시-도" 사이가 반음으로 되어있으므로 인접현을 누르고, 다른 음들은 온음 간격임으로 한 프렛 건너서 누른다.

음표 앞에 "#(샵)"기호가 붙어 있으면 반음을 올리라는 의미로 한 칸(1프렛) 오른쪽으로 옮겨서 누른다.

음표 앞에 "b(플렛)"표시가 붙어 있으면 반음을 내리라는 의미로 한 칸(1프렛) 왼쪽으로 옮겨서 누른다.

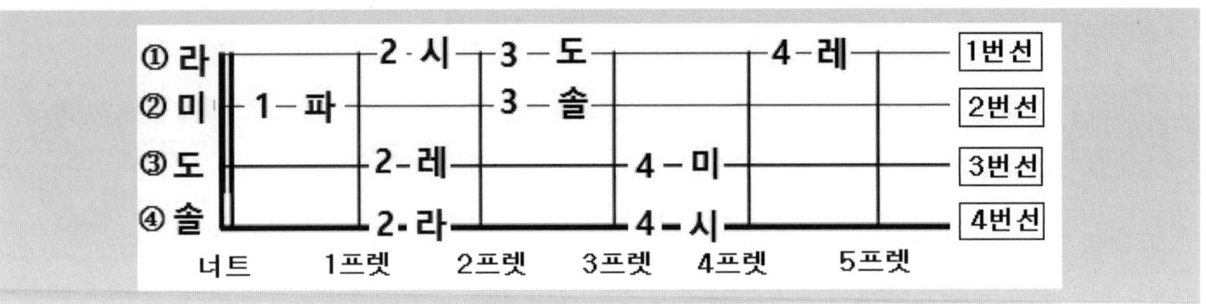

타브악보 보는 법

이 책에 표시된 악보는 윗단은 오선악보이고 아랫단은 타브악보이다. 타브악보는 악보를 잘 보지 못하는 분들도 쉽게 연주할 수 있는 악보시스템으로 아래의 설명을 참조하기 바란다. 오선악보상의 숫자는 왼손가락의 번호이고 줄을 누르는 손가락을 표시한다.

i, m은 오른손가락의 기호이고 탄현하는 손가락을 표시한다.

타브악보의 네 줄은 우쿨렐레의 줄을 의미하며 제일 윗줄부터 ①, ②, ③, ④번 줄 순서로 부른다.

타브악보상의 숫자는 프렛번호를 나타내고 숫자가 쓰여 있는 줄 위의 제시된 프렛을 누르라는 의미이다.

숫자 "0"은 개방현을 의미하고 "0"이 쓰여 있는 줄을 누르지 않고 연주하라는 의미이다.

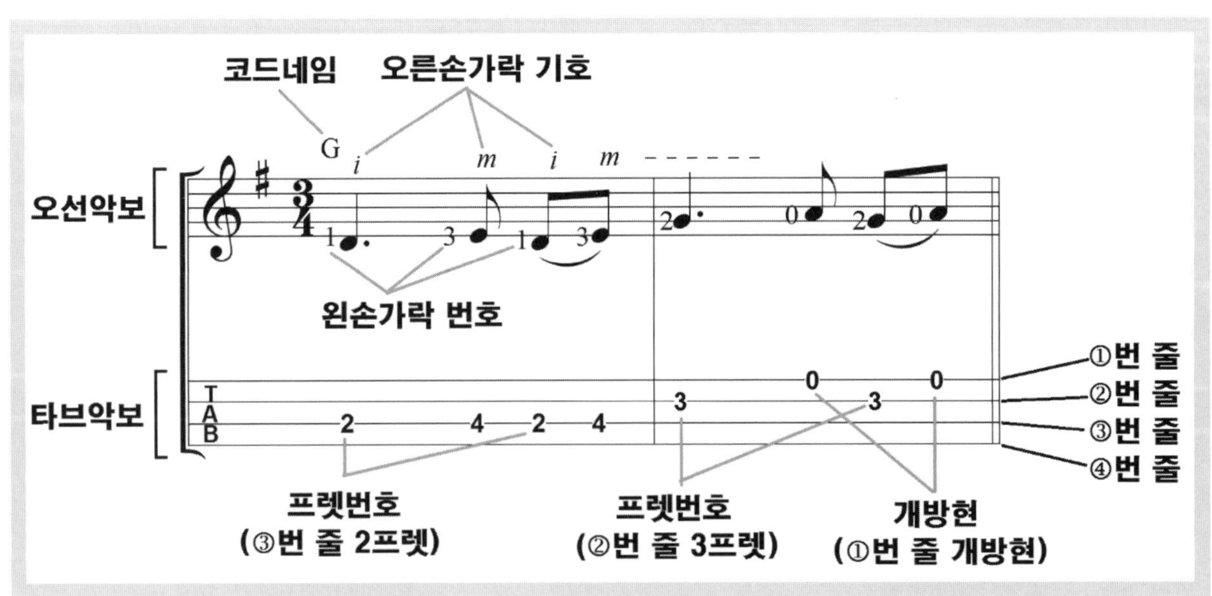

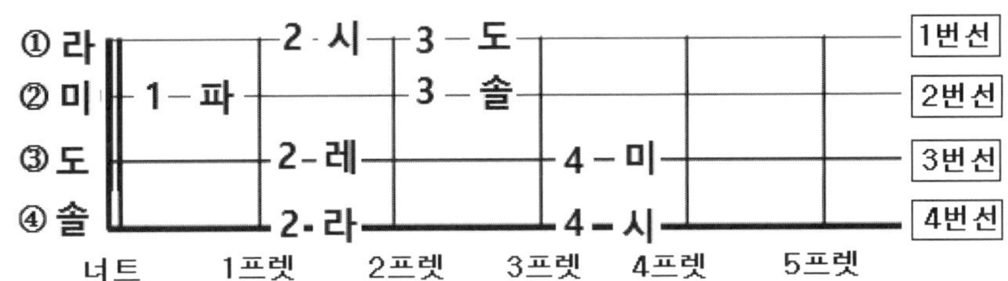

오선악보에서 숫자는 줄을 누르는
왼손가락의 번호를 말한다.
검지부터 1, 2, 3, 4번 순이다.

엄지를 사용하여 탄현한다. 이 때 i, m, a 손가락은 우쿨렐레 아래쪽 옆면을 감싸듯이 잡는다.

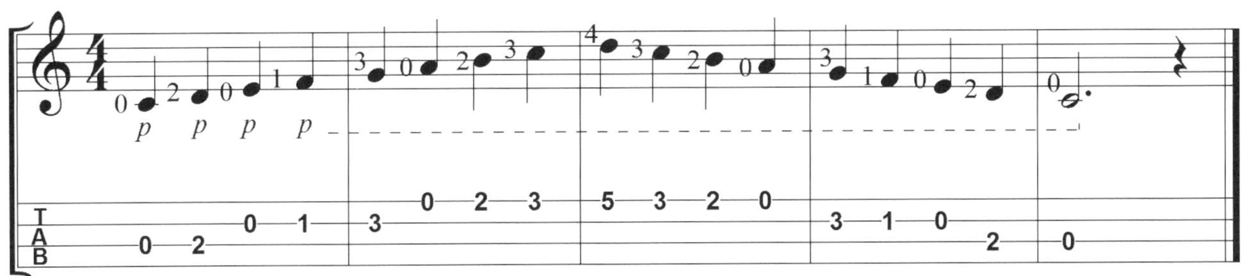

TAB는 타블라츄어기보법으로 네 줄은 우쿨렐레의 줄을 의미하고 제일 윗줄이 1번 줄이 된다. 줄 위의 숫자는
프렛 번호를 나타내며 숫자 "0"은 줄을 누르지 않고 연주하라는 의미이다.

동영상 강의 47강

똑같아요

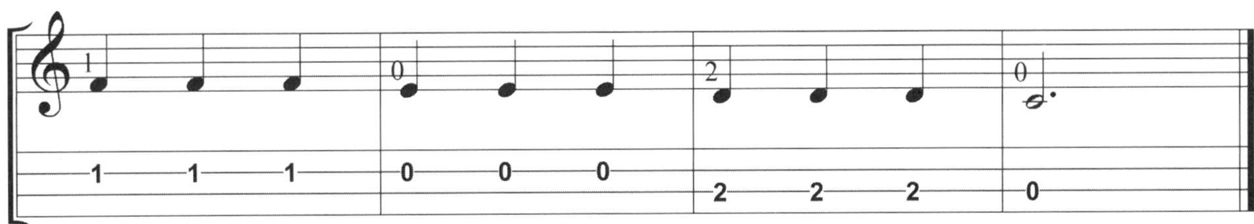

줄을 치는 방법

먼저 손가락을 연주하려는 줄 위에 올린다. 손가락에 힘을 가하여 줄을 잡아당긴 후 줄을 벗어난다. 이때 음의 강도에 따라 잡아 당기는 힘을 조절하여야 한다. 연주할 줄을 찾아 손가락을 줄 위에 올리는 작업이 항상 먼저 이루어져야 하고 그 뒤 음량에 따라 줄을 잡아당기는 힘을 조절하여야 한다.

이러한 탄현 방법은 음량을 연주자가 자유롭게 조절할 수 있게 하고 오른손의 안정된 연주를 위해 매우 중요한 탄현 방법이다.

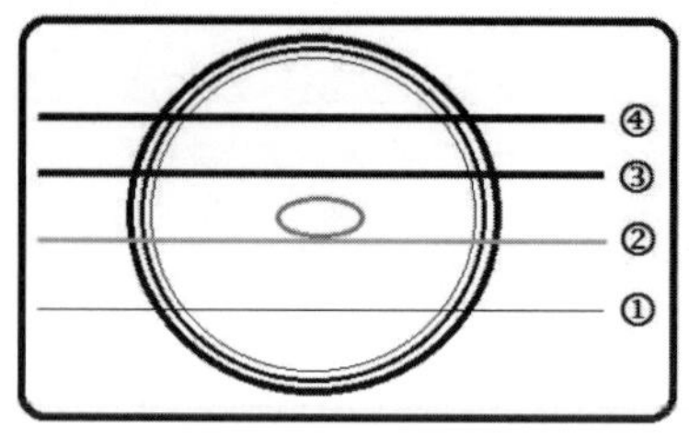
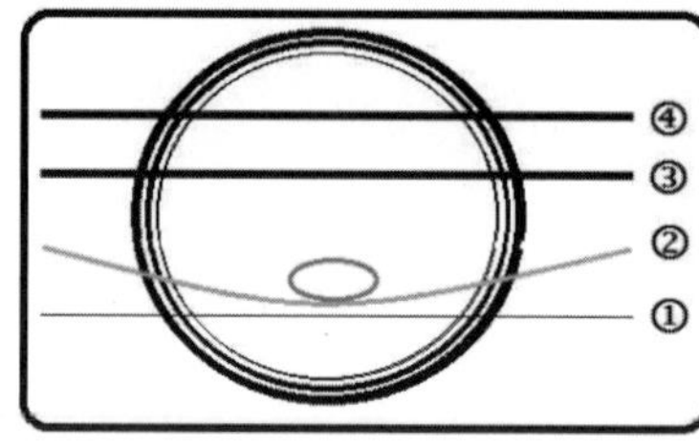
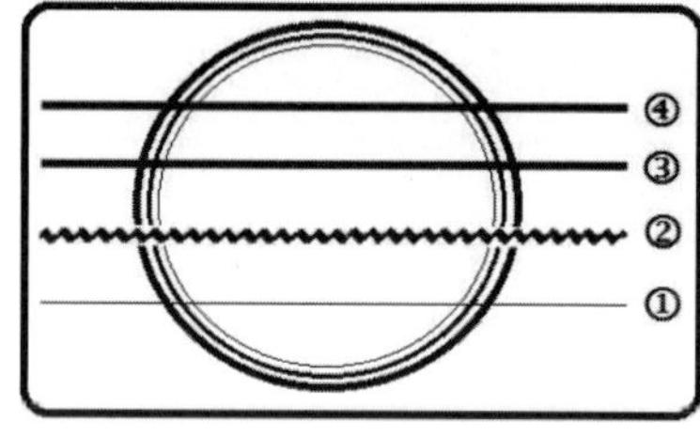

손가락을 줄 위에 올린다	줄을 잡아 당긴다	손가락이 줄을 벗어난다

손가락 놓아두기

같은 줄에서 상행으로 음을 짚어 나갈 때 먼저 누른 손가락을 놓아둔 채 다음 음을 누르는 왼손 운지법

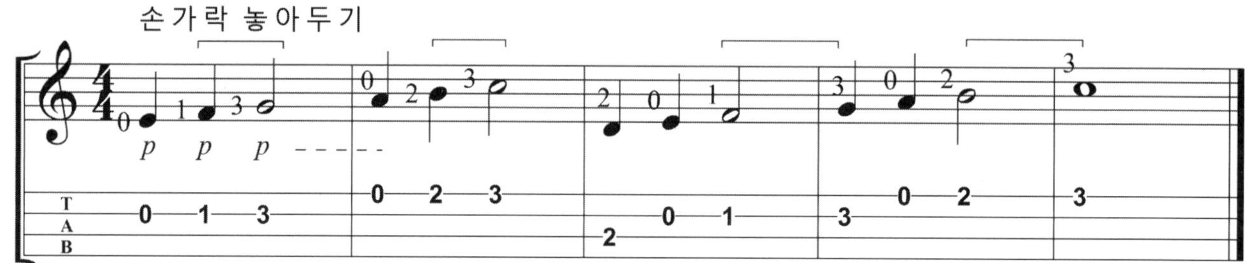

손가락 미리 짚기

같은 줄에서 하행으로 진행할 때 높은 음을 누를 때 낮은 음을 미리 함께 짚어서 준비하는 왼손 운지법

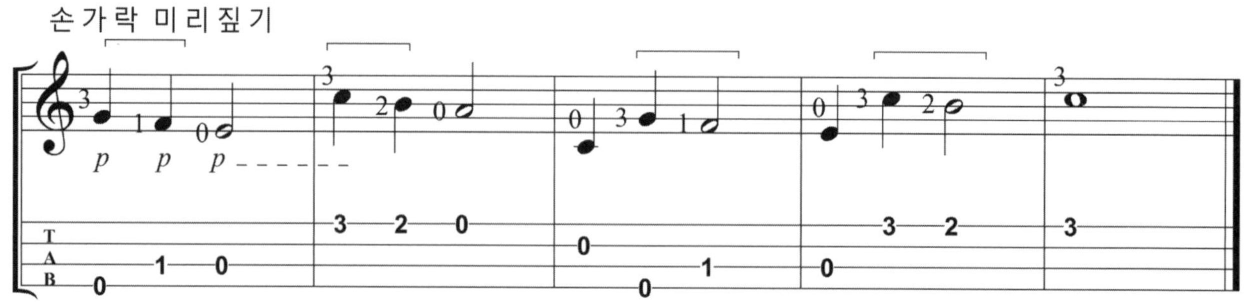

뻐꾸기

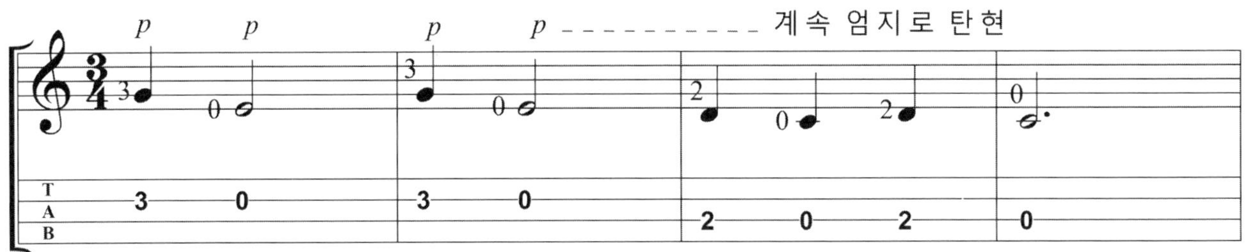

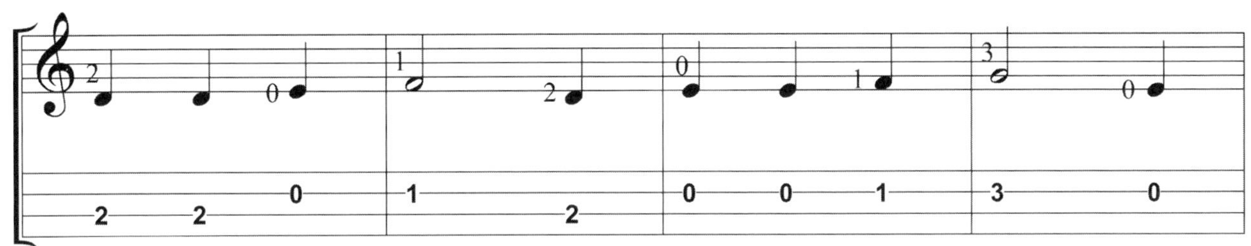

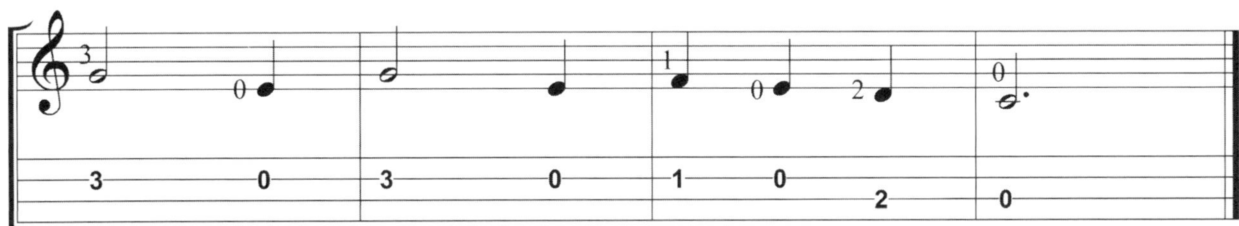

어린 송아지

2. 2포지션 음계

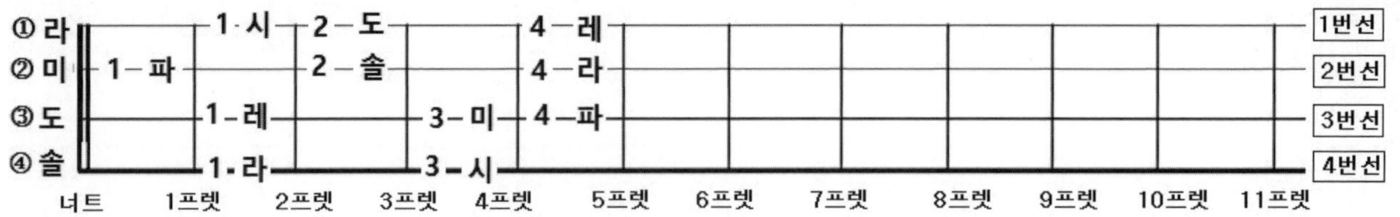

손가락으로 탄현하기

i, m을 교대로 탄현한다.(교호주법) 이때 엄지는 4번 줄 위에 올려놓는다.

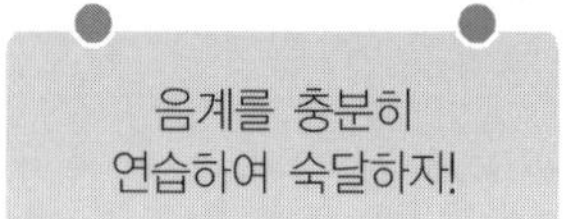

포지션 이동

길잡이 손가락을 이용하여 포지션을 이동한다. 4번 손가락과 2번 손가락이 길잡이 손가락이 된다.

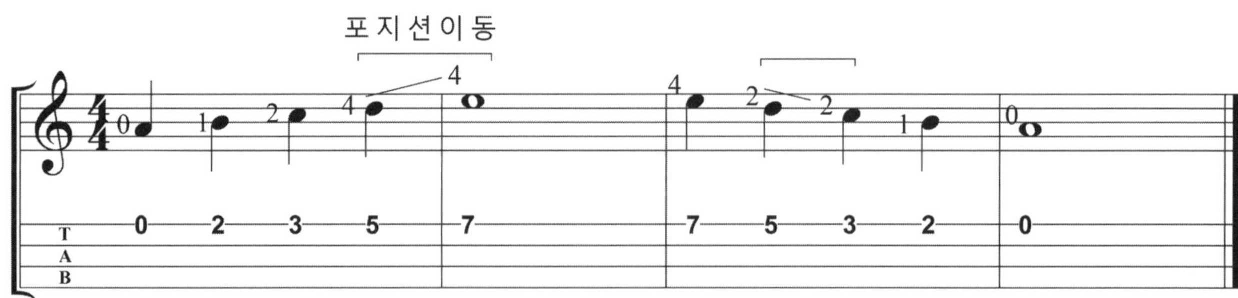

84

부점박자 연습

8분음표는 일정하게 연주하지만 점이 있는 부점박자는 "절-뚝" 거리듯이 점이 있는 8분음표가 16분음표 보다 길게 연주된다. 한 박자를 [하나–둘–셋]으로 세면서 "하나"에 점 8분음표 "둘"에는 쉬고 "셋"에 16분음표를 연주한다.

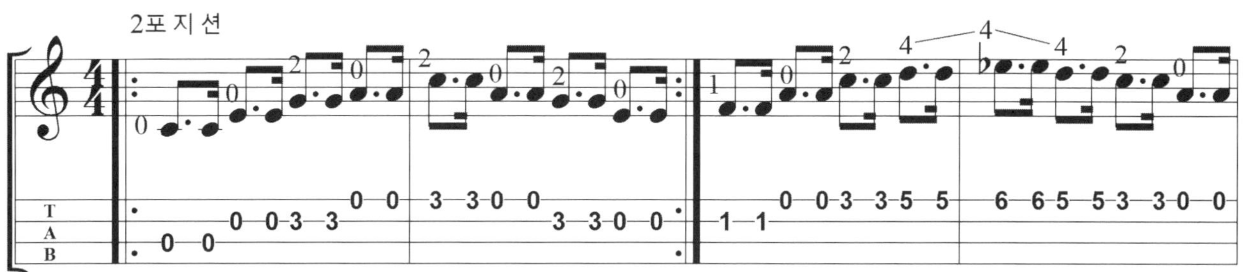

생일축하 노래

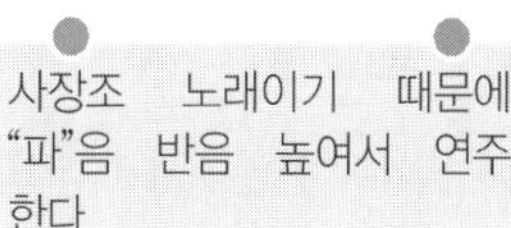

아리랑

한국 민요

2포지션
G   D7
아 리 랑 - 아 리 랑 - 아 라 리 - 요 -

G   C   G
아 리 랑 - 고 - 개 - 를 - 넘 어 간 다

G   G7   Am7   D7
나 를 버 리 고 가 시 는 님 - 은 -

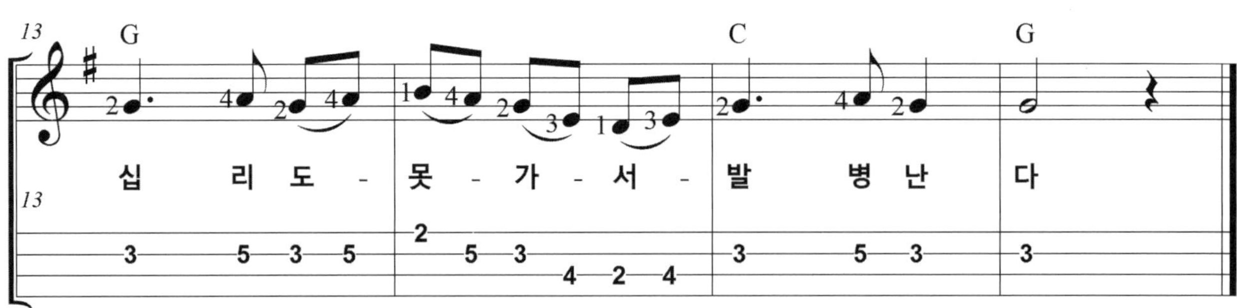
G   C   G
십 리 도 - 못 - 가 - 서 - 발 병 난 다

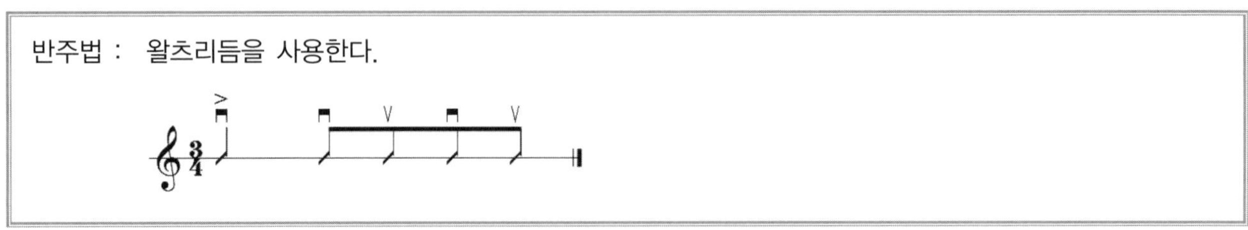
반주법 : 왈츠리듬을 사용한다.

3. 7포지션 음계

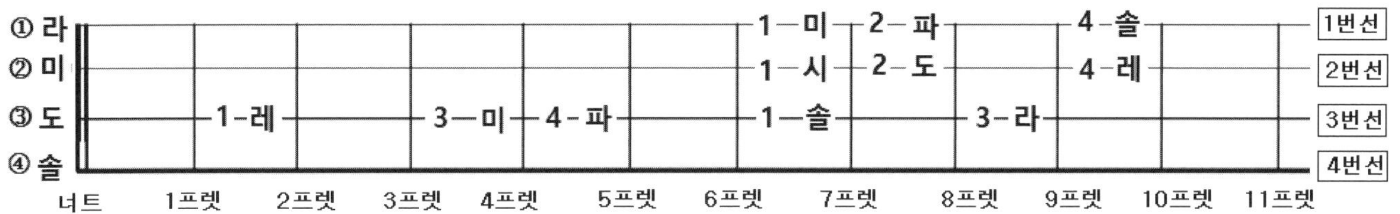

7포지션에서 사장조 음계를 연주할 수 있다. 사장조에서는 "파"음이 반음 높여서 연주된다.

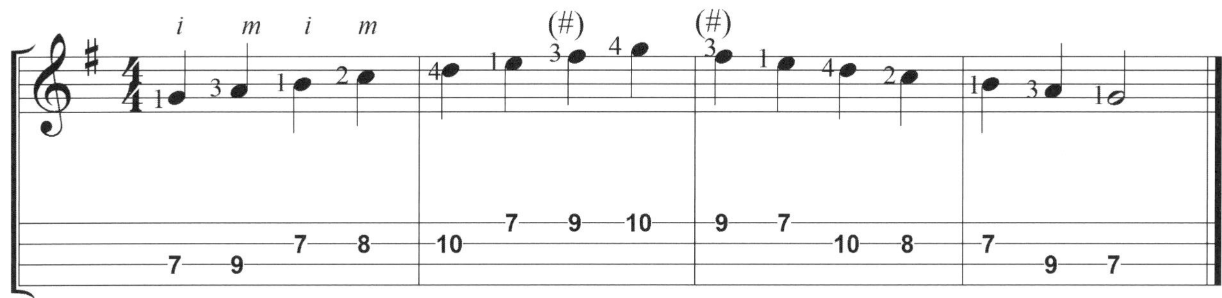

점 4분음표 연습

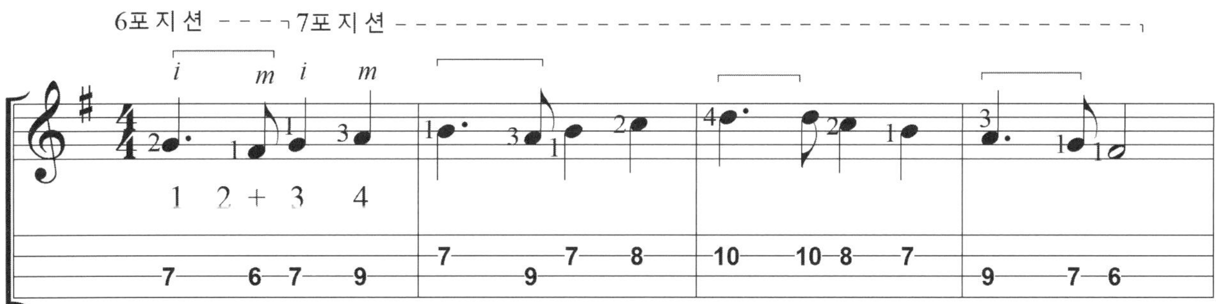

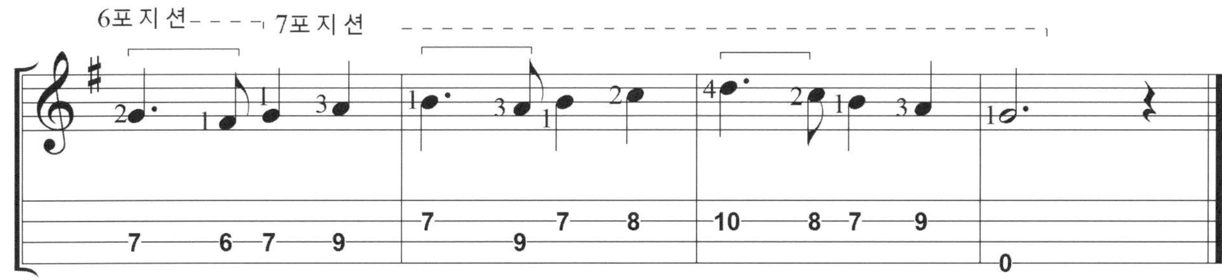

환희의 송가

7포지션

베토벤 작곡

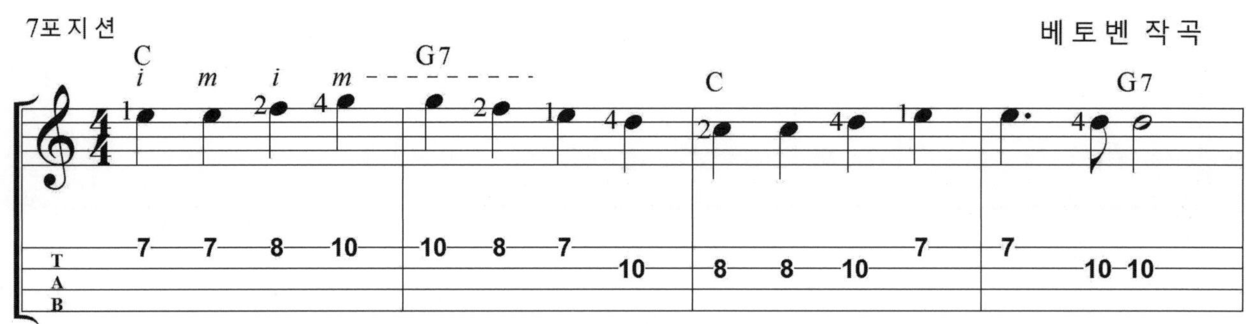

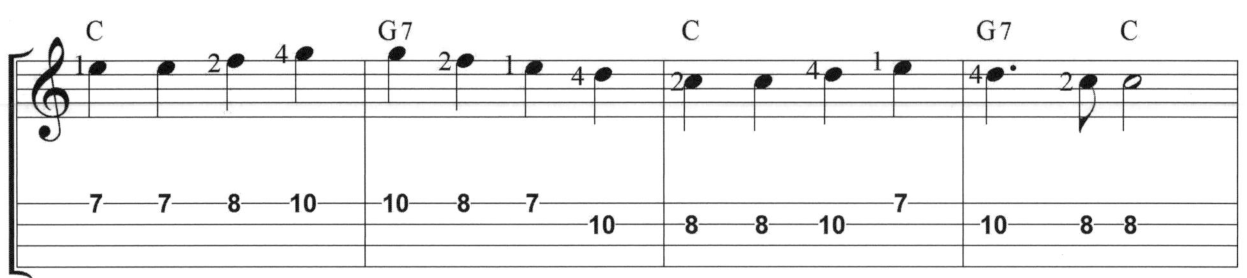

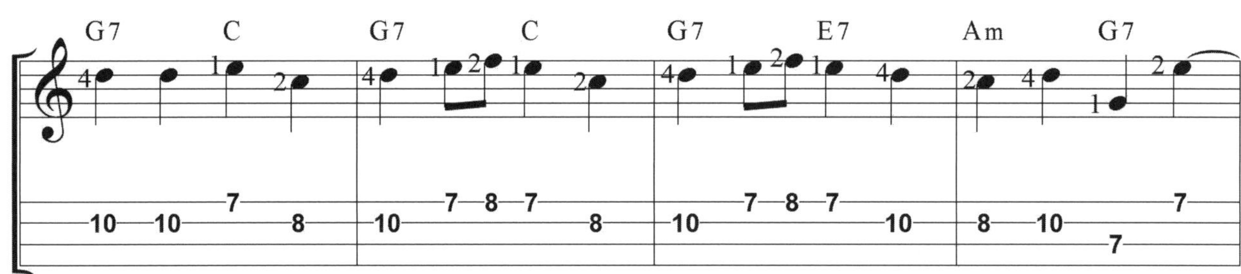

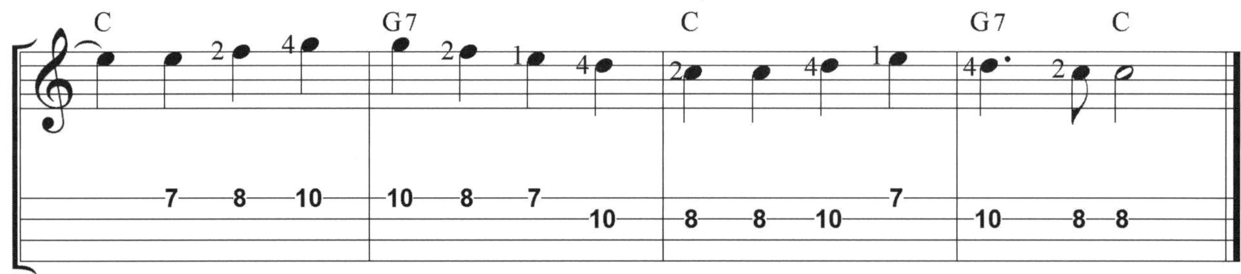

사랑의 인사

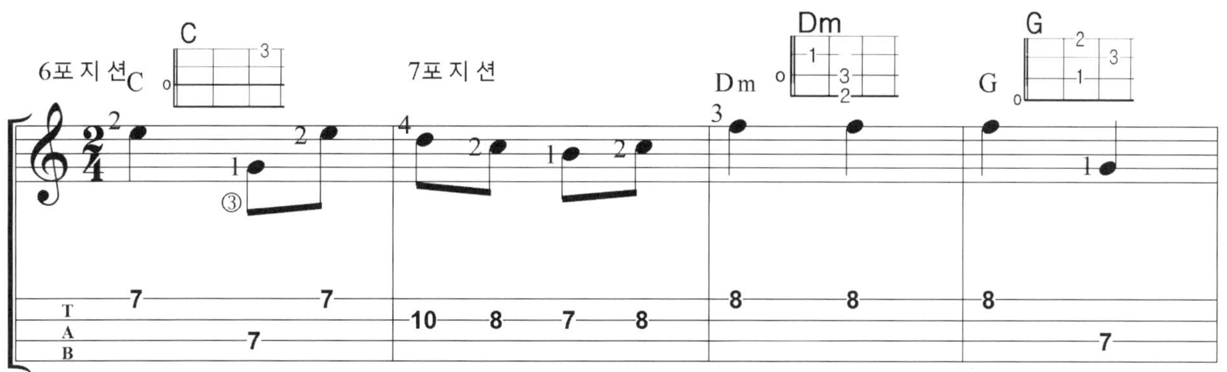

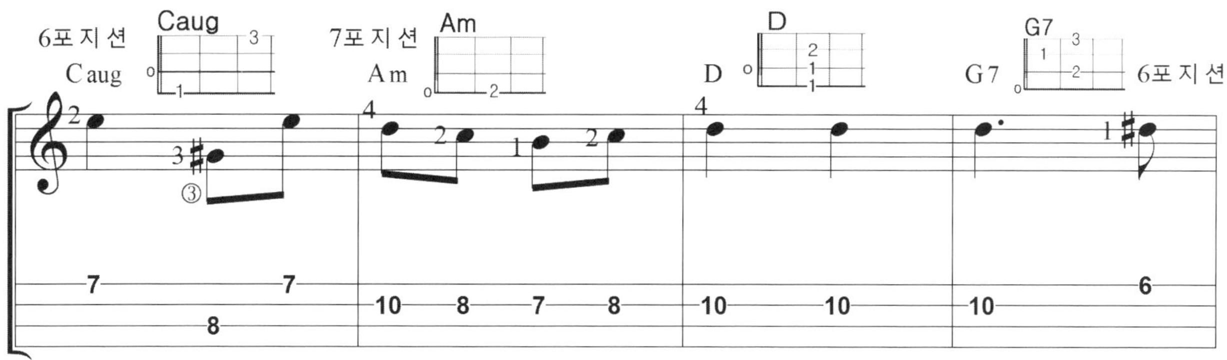

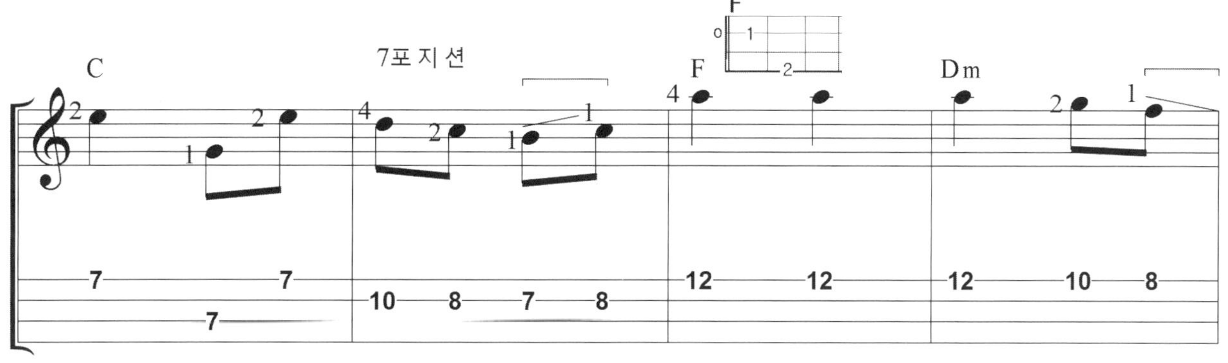

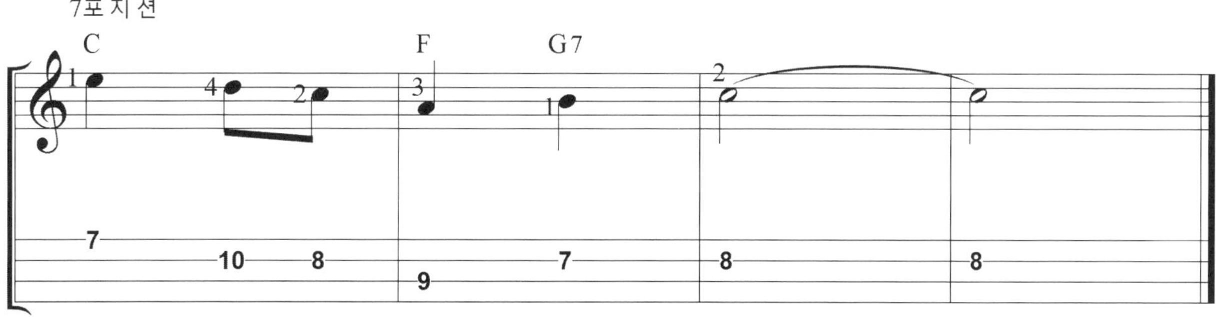

손가락 놓아두기와 미리 짚기, 손가락 이어 짚기 등을 이용하여 줄을 누른다. 왼손가락을 줄에서 모두 떼는 동작을 줄이고 최소 한 손가락 정도는 줄에서 머물며 다음 음을 누를 수 있도록 한다.

할아버지 시계

장윤식편곡

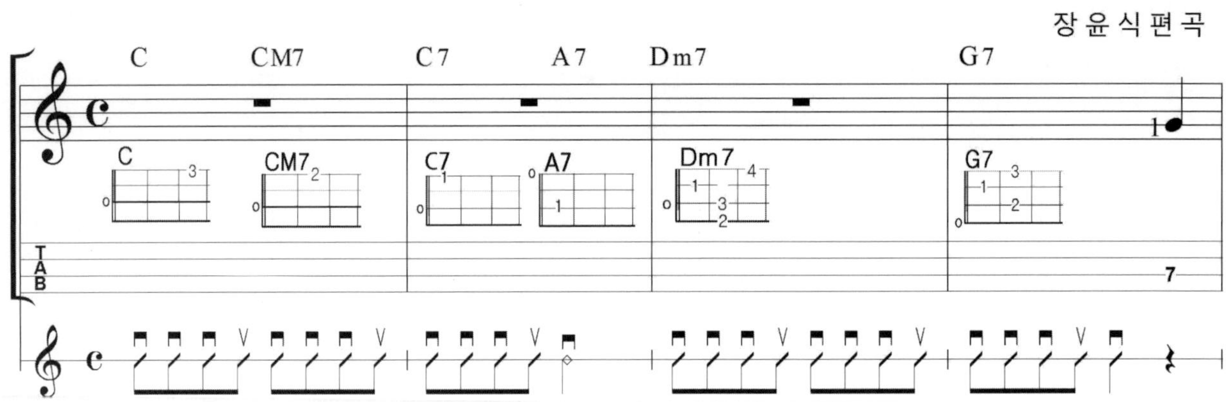

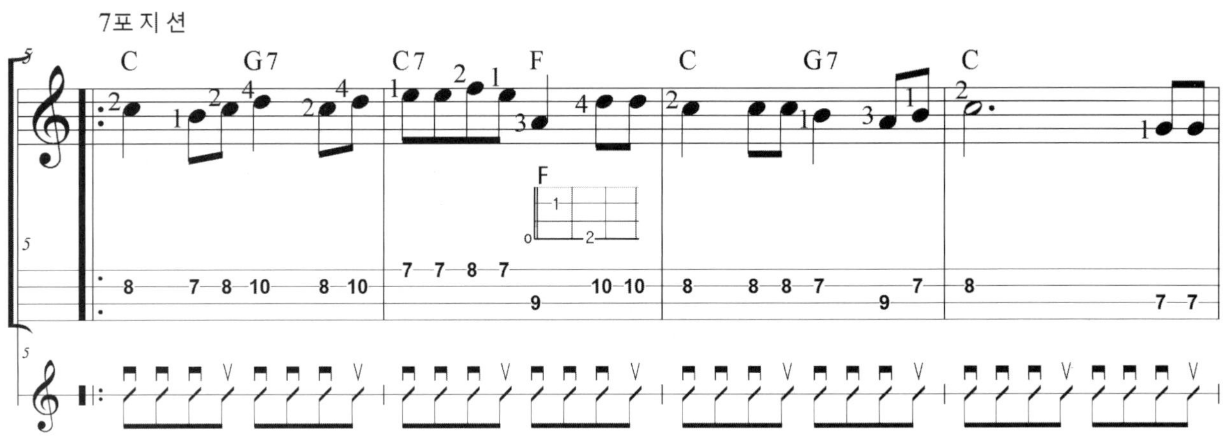

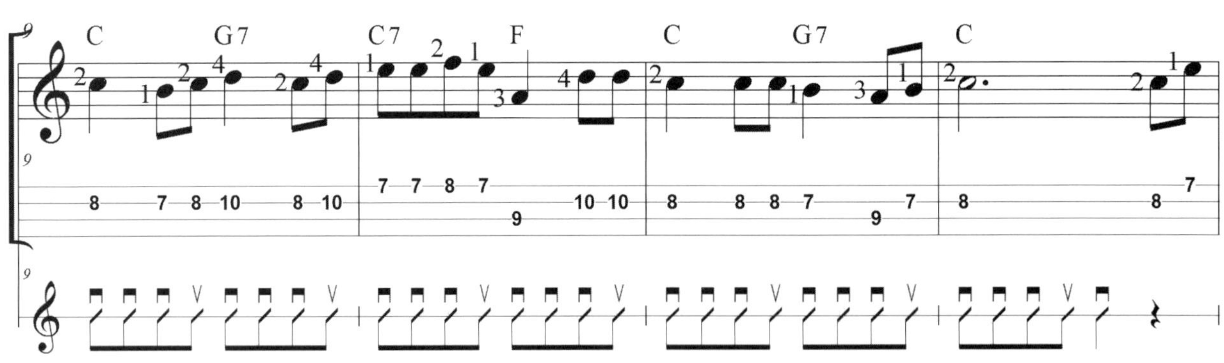

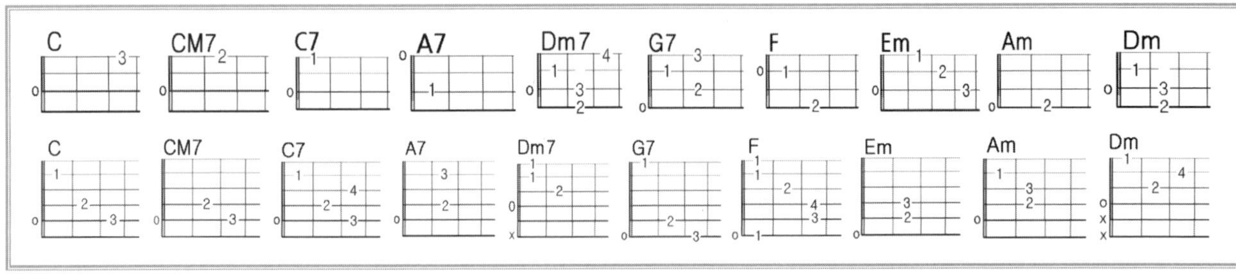

D.S. al Coda
Csus4

실전 연주곡

동영상 강의 57강

화음과 모든 음을
엄지로 연주한다.

아리랑

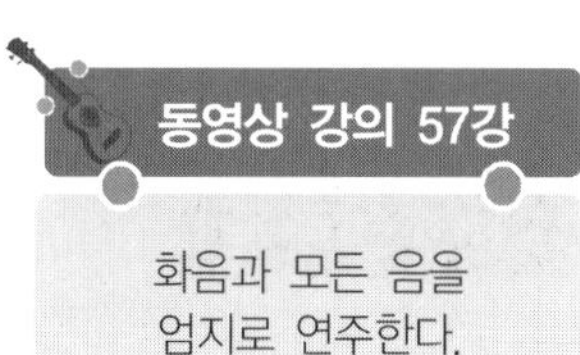

한국 민요
장윤식 편곡

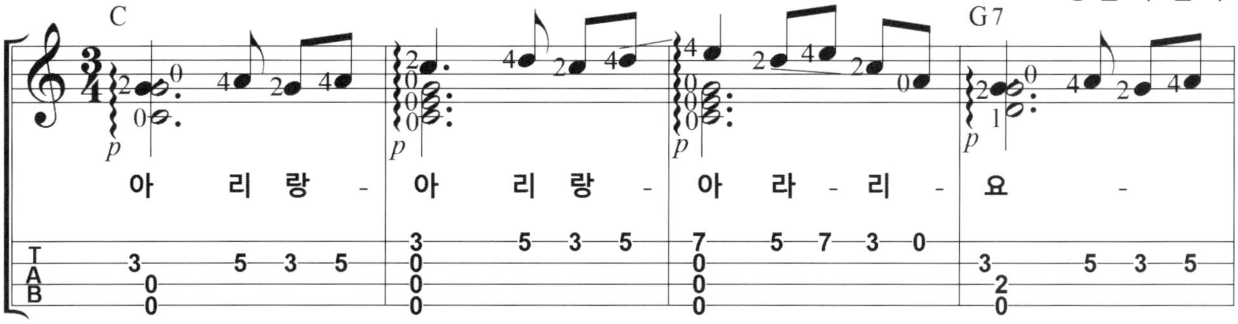

악보를 잘 보지 못하면 타브(TAB)악보만 보고 연습해 보자!

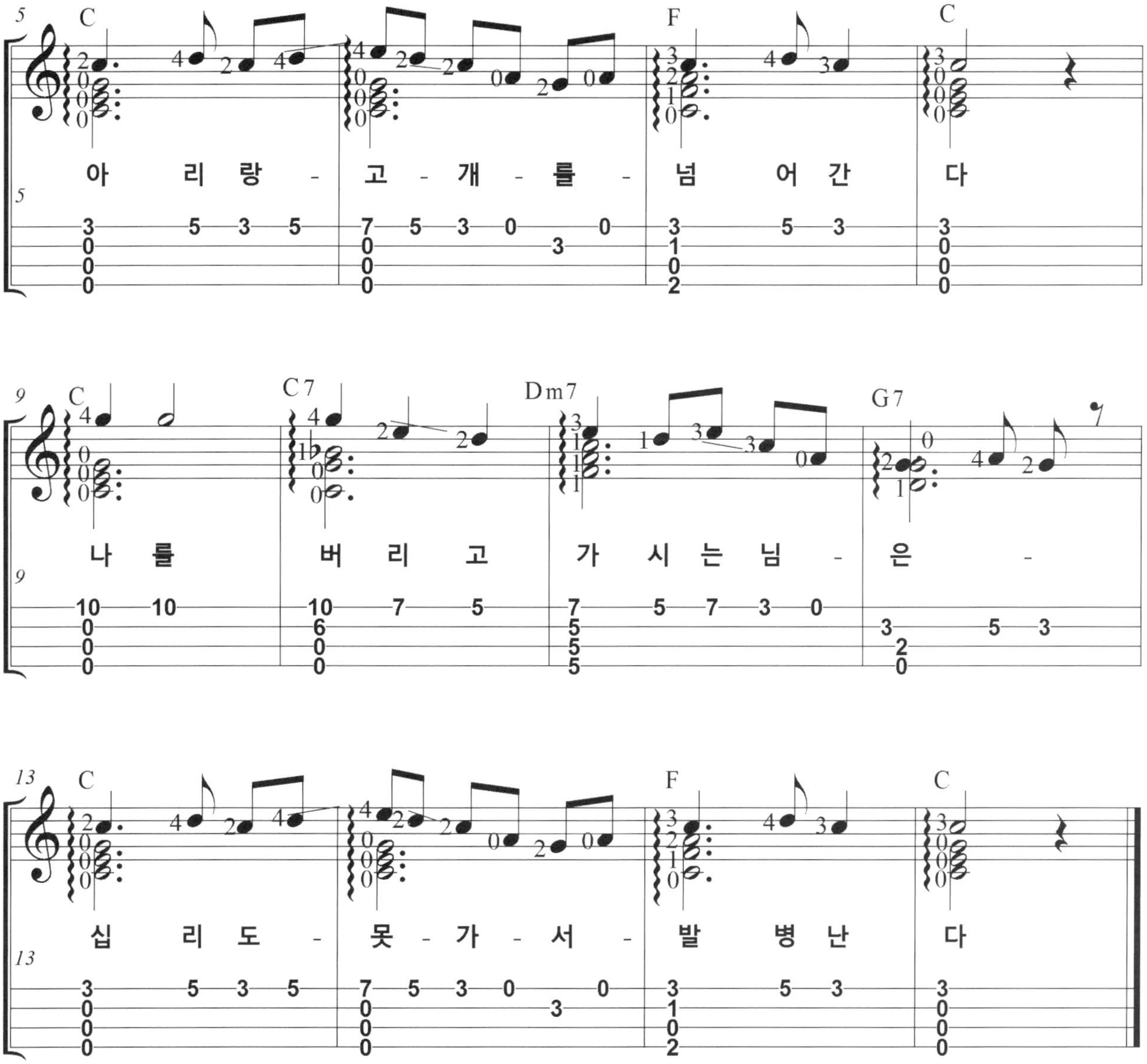

실전 연주곡

동영상 강의 58강

멜로디는 i, m의 교호 주법을 이용하여 연주

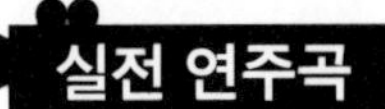

도레미송

R. Rodgers 작곡
장윤식 편곡

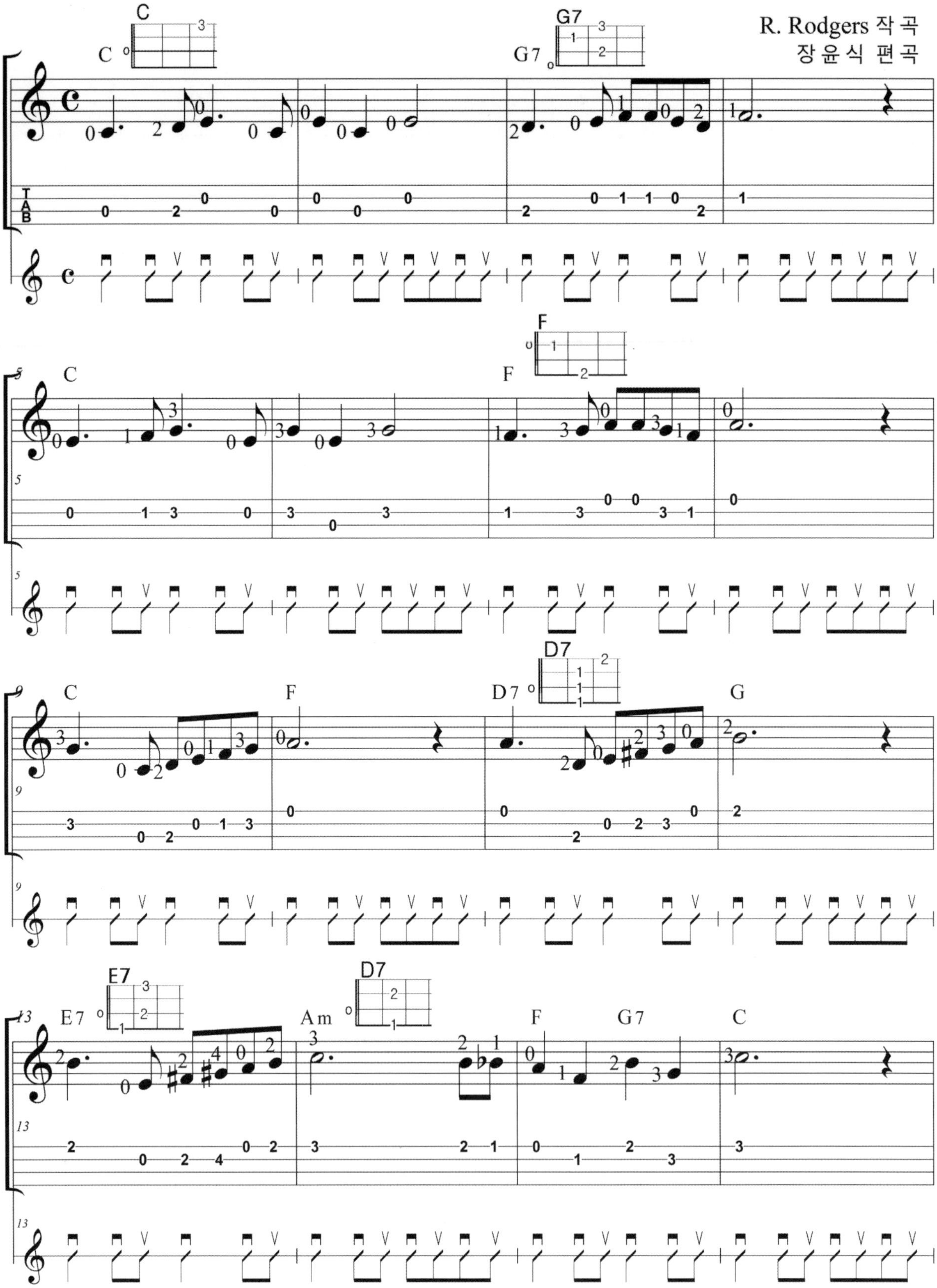

실전 연주곡

동영상 강의 59강

화음과 모든 음을
엄지로 연주한다.

환희의 송가

L. van Beethoven 작곡
장윤식 편곡

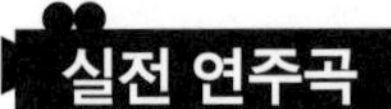

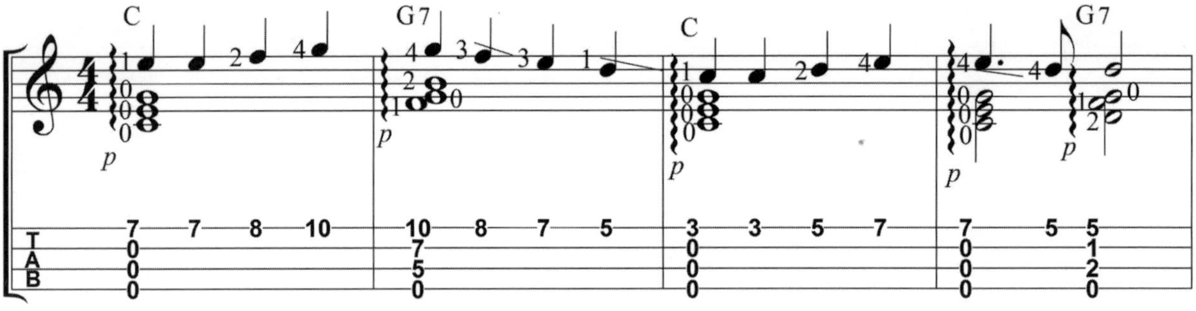

타브(TAB)악보를 보고 연습하자!

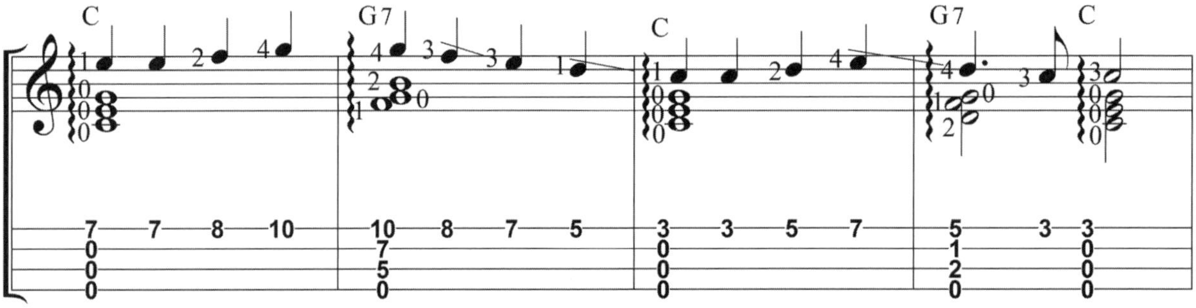

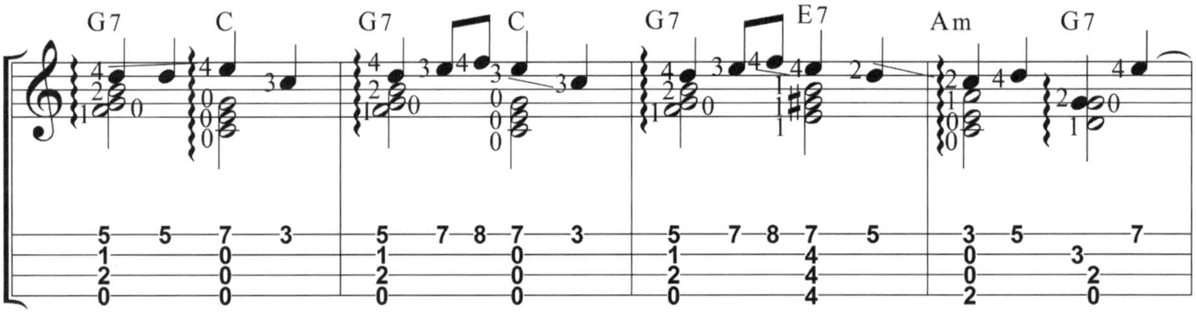

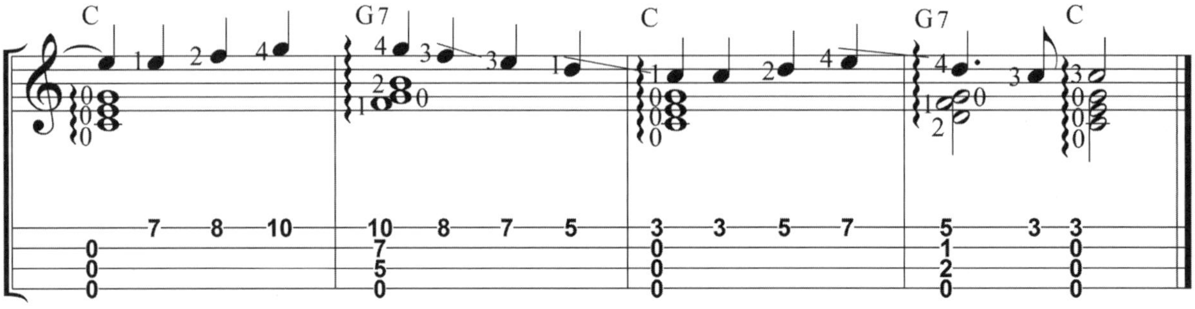

산타루치아

L. van Beethoven 작 곡
장 윤 식 편곡

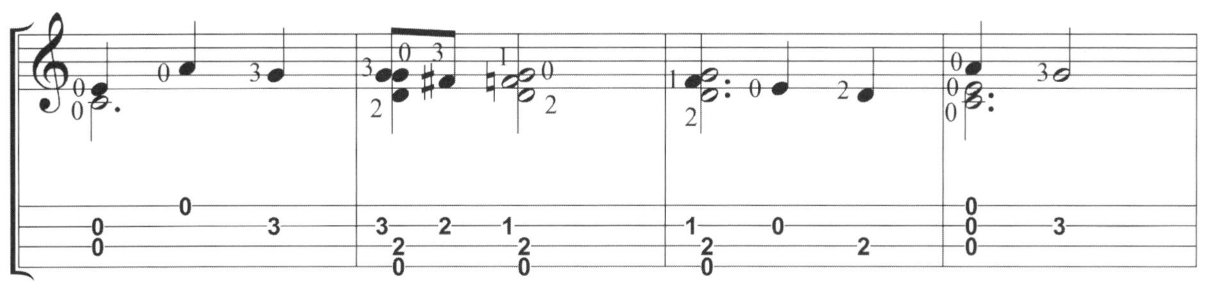

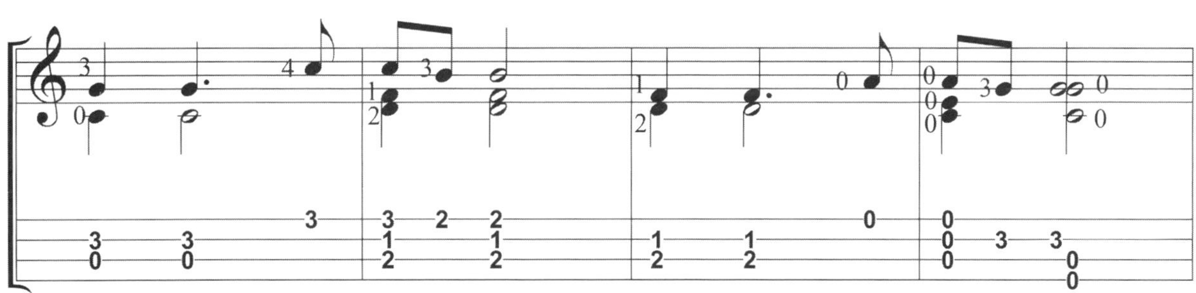

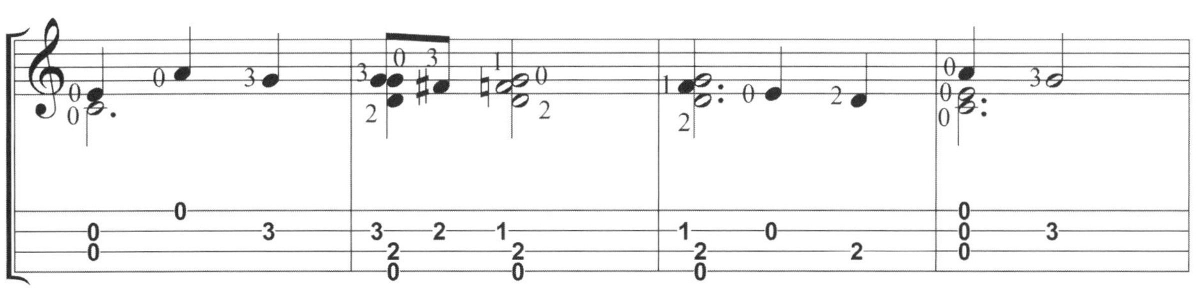

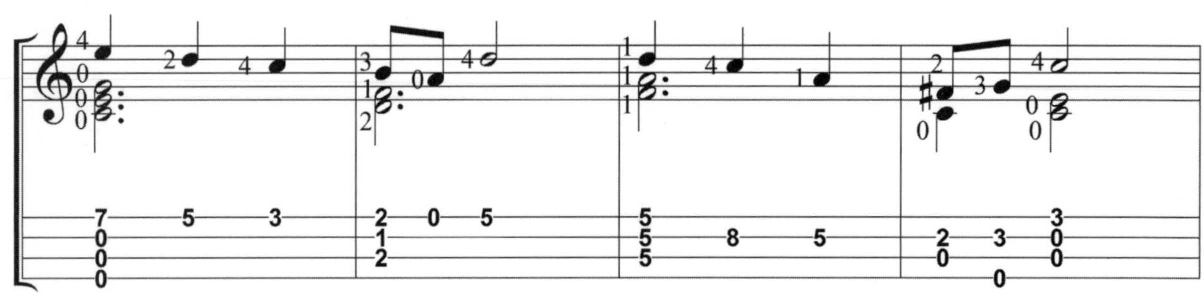

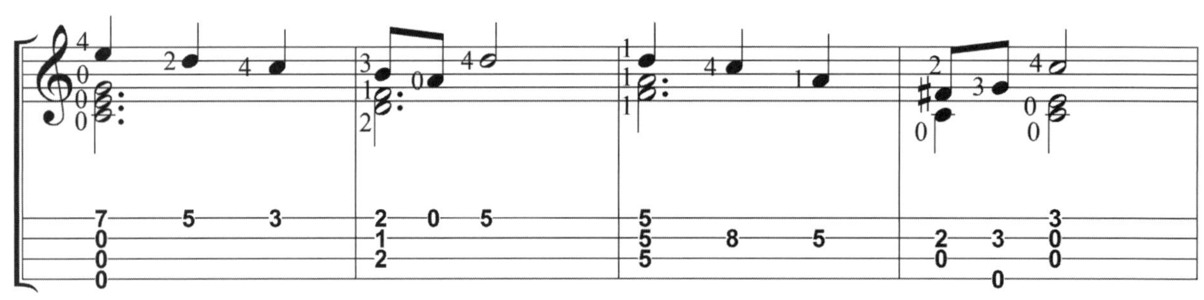

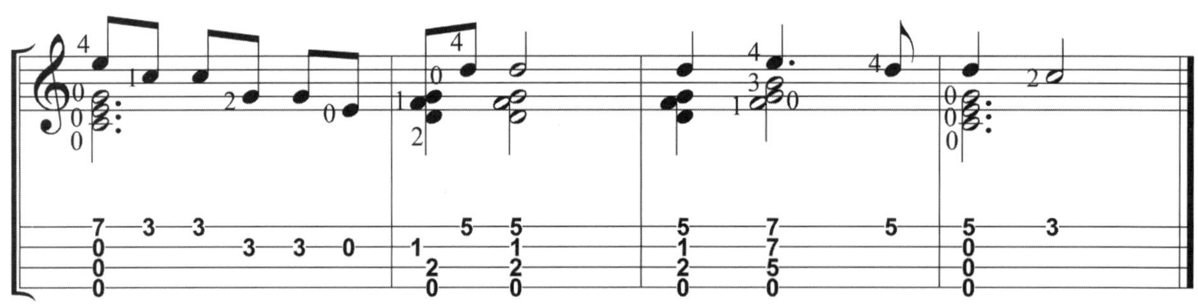

부록

우쿨렐레, 기타 코드 일람표

1. 우쿨렐레 코드

2. 기타 코드

1. 우쿨렐레 코드표

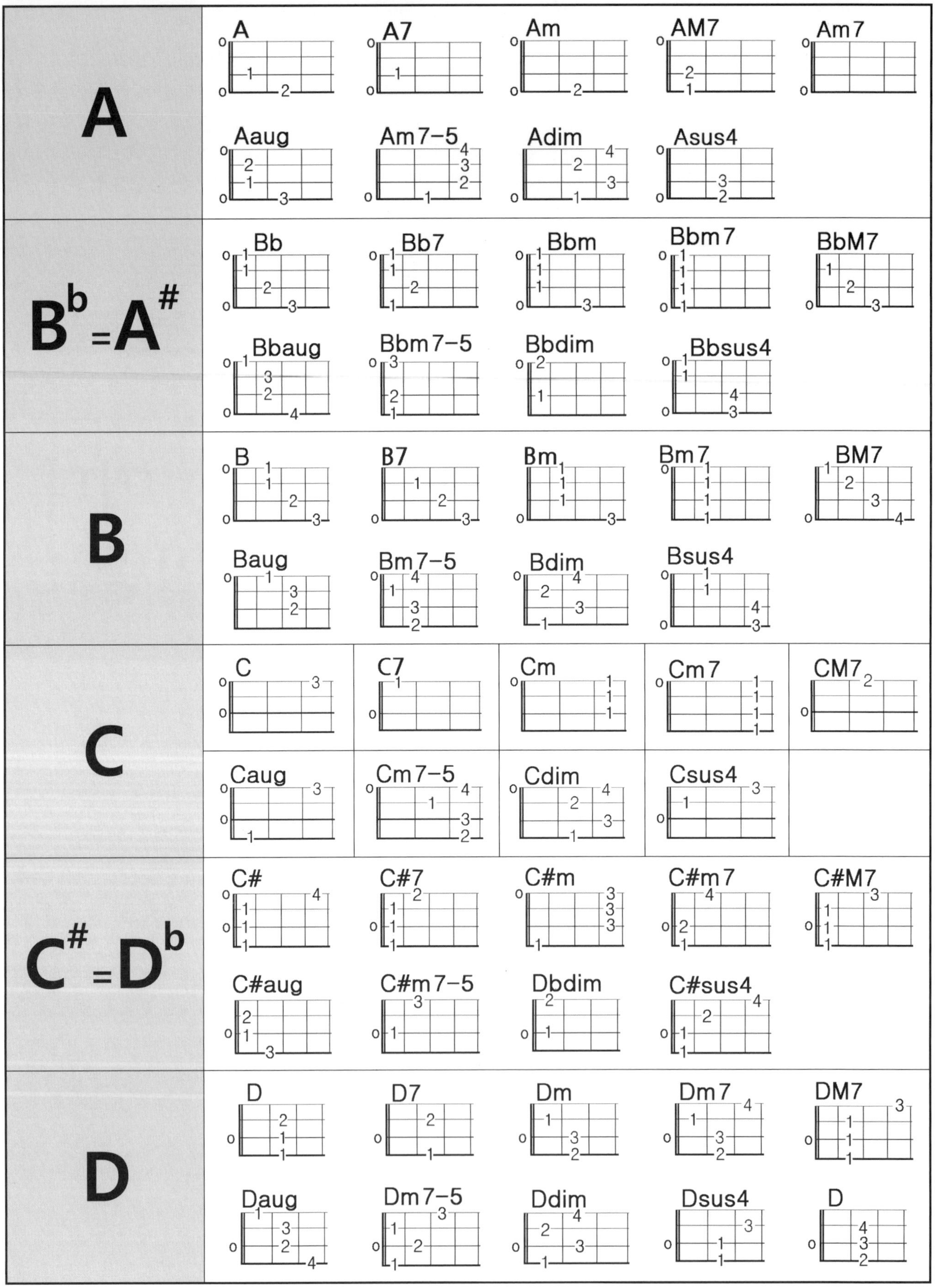
A
A A7 Am AM7 Am7
Aaug Am7-5 Adim Asus4
Bb=A#
Bb Bb7 Bbm Bbm7 BbM7
Bbaug Bbm7-5 Bbdim Bbsus4
B
B B7 Bm Bm7 BM7
Baug Bm7-5 Bdim Bsus4
C
C C7 Cm Cm7 CM7
Caug Cm7-5 Cdim Csus4
C#=Db
C# C#7 C#m C#m7 C#M7
C#aug C#m7-5 Dbdim C#sus4
D
D D7 Dm Dm7 DM7
Daug Dm7-5 Ddim Dsus4 D

D#=Eb

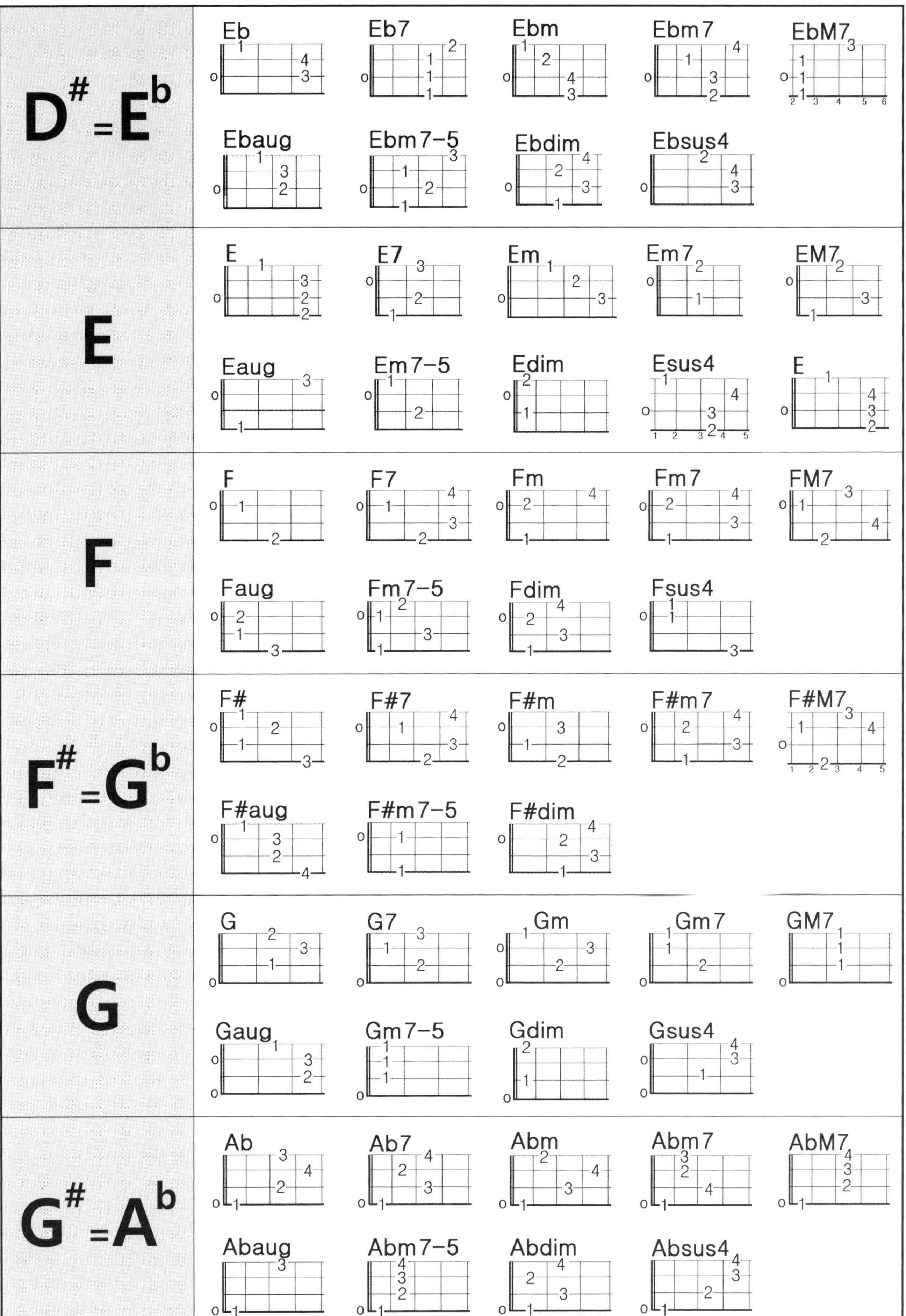

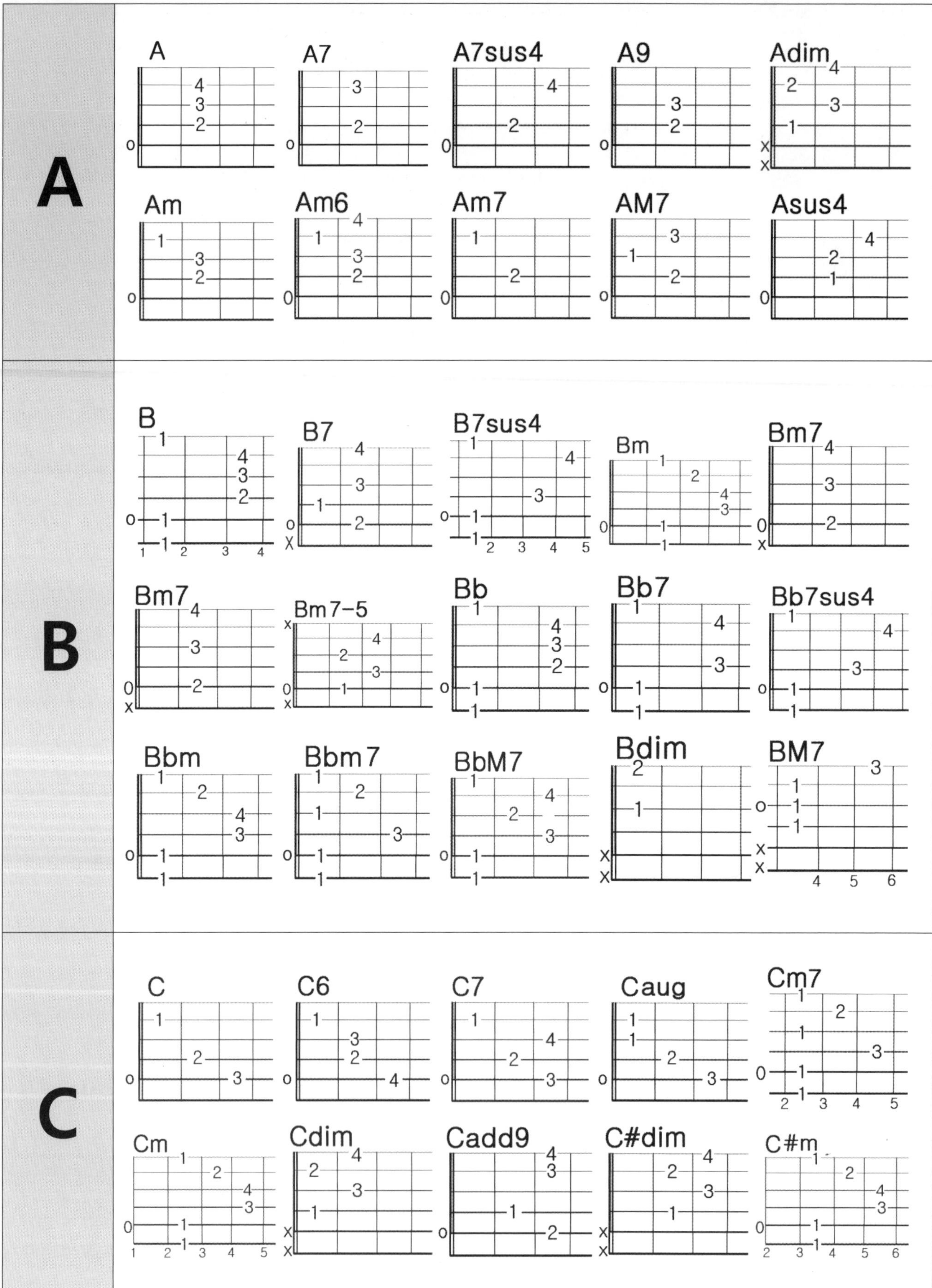
A
A7
A7sus4
A9
Adim
Am
Am6
Am7
AM7
Asus4
B
B7
B7sus4
Bm
Bm7
Bm7
Bm7-5
Bb
Bb7
Bb7sus4
Bbm
Bbm7
BbM7
Bdim
BM7
C
C6
C7
Caug
Cm7
Cm
Cdim
Cadd9
C#dim
C#m

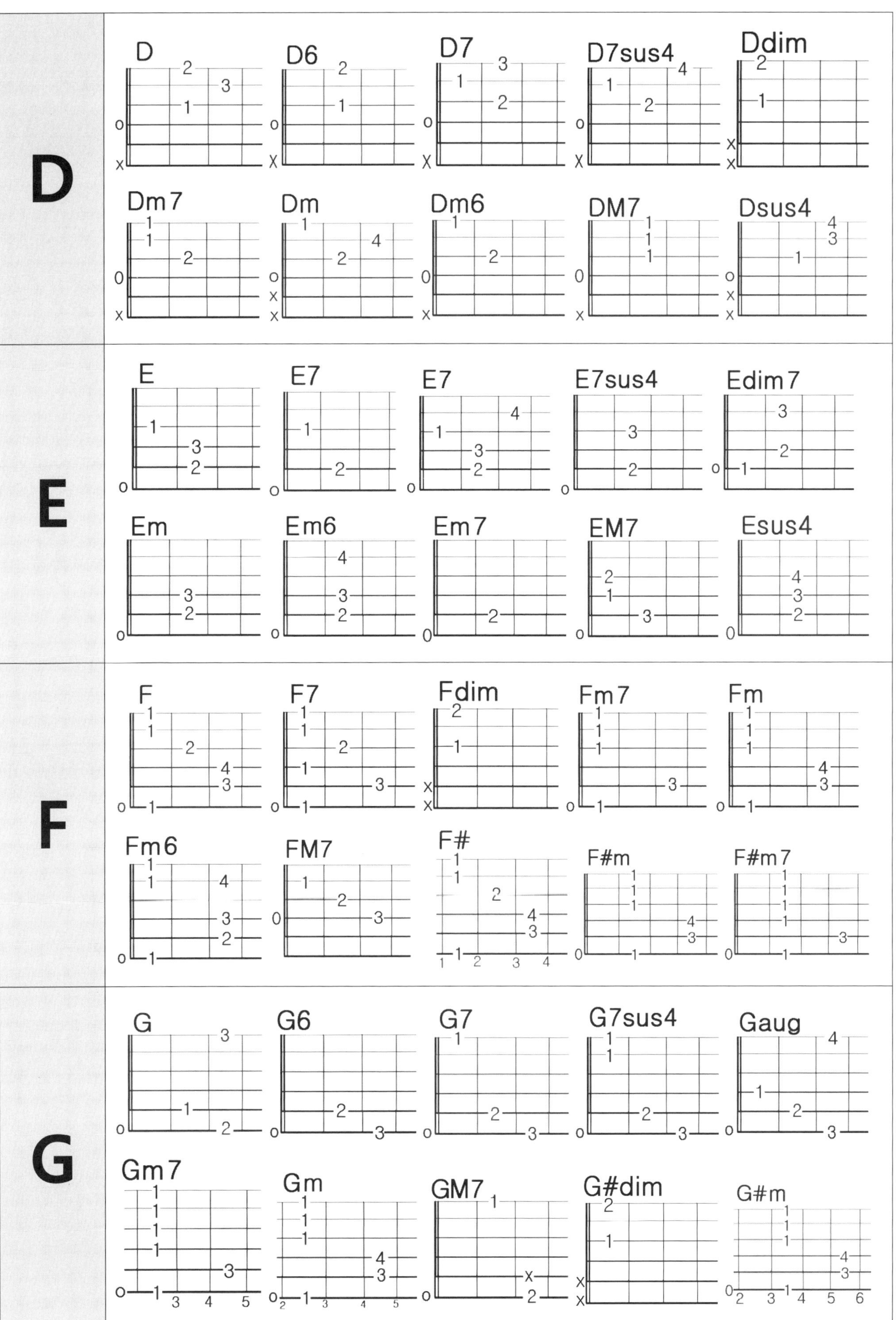

D
D6
D7
D7sus4
Ddim
Dm7
Dm
Dm6
DM7
Dsus4
E
E7
E7
E7sus4
Edim7
Em
Em6
Em7
EM7
Esus4
F
F7
Fdim
Fm7
Fm
Fm6
FM7
F#
F#m
F#m7
G
G6
G7
G7sus4
Gaug
Gm7
Gm
GM7
G#dim
G#m

도서출판 이비컴의 실용서 브랜드 이비락은 더불어 사는 삶에 긍정적인
변화를 가져다 줄 유익한 책을 만들기 위해 노력합니다.
원고 및 기획안 문의 bookbee@naver.com